祁智 著

弦歌

经典阅读笔记

U0113885

江苏人民出版社

图书在版编目（CIP）数据

弦歌 / 祁智著 . -- 南京：江苏人民出版社，
2023.3（2023.7 重印）

ISBN 978-7-214-27497-7

Ⅰ . ①弦… Ⅱ . ①祁… Ⅲ . ①读书笔记－中国－现代
Ⅳ . ① G792

中国版本图书馆 CIP 数据核字 (2022) 第 161928 号

书　　名　弦　歌
著　　者　祁　智
责任编辑　李晓爽
书籍设计　潘焰荣
责任监制　王　娟
出版发行　江苏人民出版社
地　　址　南京市湖南路 1 号 A 楼，邮编：210009
照　　排　江苏凤凰制版有限公司
印　　刷　南京爱德印刷有限公司
开　　本　890 毫米 × 1240 毫米 1/32
印　　张　10.625　插页 2
字　　数　156 千字
版　　次　2023 年 3 月第 1 版
印　　次　2023 年 7 月第 3 次印刷
标准书号　ISBN 978 - 7 - 214 - 27497 -7
定　　价　88.00 元

（江苏人民出版社图书凡印装错误可向承印厂调换）

目录

诗三百，一言以蔽之，曰：「思无邪。」

1

遥远时代的百科全书

我时常会读一读《诗经》。不是为了研究，纯粹是因为喜欢。

《诗经》距今至少 2 500 年了。这些歌谣，起初就长在田间间巷。后来，奉天子之命，每年春天，采诗官摇着木铎，深入民间收集它们，并交专人汇集。这些歌谣与公卿献的诗、乐官作的诗一起，经过甄别、整理和正乐律，最终成册。这需要一定的时间。事实是，《诗经》中的一些诗歌，经过考证，距今至少 3 000 年。

我是说，《诗经》里的诗，比《诗经》更早。"更早"是什么？是中华文明的源头，也是中华文明的"童年"时期。中华文明，在那个时候，就如同一个孩子。只是这个孩子是非凡的，干净、漂亮、聪颖。这个孩子就像朝阳，一跳出地平线，就辉煌灿烂。

读《诗经》，心是平静的。这种平静，不是将心固于一隅、

● 明 沈周《清园图》旅顺博物院藏

陷于一井那样的沉寂，而是置于浩瀚苍穹、辽阔大地那样的安宁。坐于堂前，倚于树下，卧于床榻，即使只读几个字，神思也会飞跃，穿透时空，落于几千年之外的水边、岸上、田间、雨中。

我清楚地记得，初中时偶尔读到《蒹葭》：

> 蒹葭苍苍，白露为霜。所谓伊人，在水一方。溯洄从之，道阻且长。溯游从之，宛在水中央。（《秦风·蒹葭》）

这是我第一次读《诗经》，毫无准备。我不知道"蒹葭"怎么读，当然也不会写，只觉得字"好看"；翻着字典，踉踉跄跄读到底，只觉得音"好听"。"好看"与"好听"，是我至

今对《诗经》不变的评价。字的好看与音的好听，让我固执地以为，就是"伊人"的形象和声音。

大学一年级，我读到了：

> 氓之蚩蚩，抱布贸丝。匪来贸丝，来即我谋。送子涉淇，至于顿丘。匪我愆期，子无良媒。将子无怒，秋以为期。（《卫风·氓》）

之后，又读到了：

> 击鼓其镗，踊跃用兵。土国城漕，我独南行。从孙子仲，平陈与宋。不我以归，忧心有忡。爰居爰处，爰丧其马。于以求之，于林之下。死生契阔，与子成说。执子之手，与子偕老。于嗟阔兮，不我活兮。于嗟洵兮，不我信兮。（《邶风·击鼓》）

这就是中华文明童年时期的诗歌——准确地说，是流传于民间的歌诗，或者歌谣。简单而婉转，质朴而华丽，灵动而明亮，轻灵而美好，无邪而多姿，端庄而神气。那个时候，词汇远不及现在丰富，但是有那么多词汇就"够"了。这种"够"，不是勉强，不是局促，不是苟且，而是能包容四海八荒的从容与宽余。

这就是《诗经》！每一个字都是那么经济，而又那么精当，又那么富有神韵。循环往复，往往只改一字或几个字，就是翻天覆地：

> 彼黍离离，彼稷之苗。行迈靡靡，中心摇摇。知我者谓我心忧，不知我者谓我何求。悠悠苍天，此何人哉！
>
> 彼黍离离，彼稷之穗。行迈靡靡，中心如醉。知我者谓我心忧，不知我者谓我何求。悠悠苍天，此何人哉！
>
> 彼黍离离，彼稷之实。行迈靡靡，中心如噎。知我者谓我心忧，不知我者谓我何求。悠悠苍天，此何人哉！（《王风·黍离》）

这首《黍离》，三小节，每小节39字，计117字。其实三小节只改动了6个字，反复吟诵，九转回肠，便是动人心魄、无与伦比的"黍离之悲"。中华文明的源头，寥寥数字，竟如此尽得风流！

这些灿烂的诗篇，在诞生之初，包括传播之时，并非书面文字——那个时候的书写太过奢侈。我们今天要读顺、读通、读懂这些文字，尚不容易。而在约2500年前，甚至更为久远的时代，这些诗篇却被先民吟诵于口，传诵于口，口口相传。

那是怎样的一个时代啊！

君子好逑的先民，坎坎伐檀的先民，与子同袍的先民，鼓瑟吹笙的先民……一起发出中华文明最初的声音。

然而，我写这篇文章，不是为了介绍《诗经》，也不仅是为了表达对《诗经》的敬仰膜拜。我是想从另一个角度，说说中华文明的繁衍发展。

《诗经》收集了西周初年至春秋中叶（公元前11世纪—前6世纪）的诗歌，计305篇，约39000字，反映了周初至周晚期约500年间的社会面貌。

我注意到，《诗经》里有劳动、战争、爱情、婚姻、祭祀、宴会、天象、地貌、植物，几乎是那个遥远时代的百科全书。

我还注意到，《诗经》虽然内容多、地域广，却只涉及51个地名，其中单一地名35个，国名兼地名16个。

比如："送子涉淇，至于顿丘。""顿丘"是地名，位于今河南省。

比如："从孙子仲，平陈与宋。""陈"与"宋"，都是国名，当然也是地名，位于今河南省。

《诗经》有500年的时间跨度，有整个黄河流域的空间跨度，为什么只有51个地名？而《诗经》中的植物名称，却达到152种。

我想，地名的确立，无外乎两个原因。第一，识别；第二，区别。但如果居住地相对狭小、封闭，人员几乎不流动，朝夕相处、面面相觑，识别与区别，都失去了意义。

我的目光如手指一样，抚摸着广袤的黄河流域。今天，这里气象万千。但是，约2 500年前，这里地旷人稀。整天只面对一条河、一个土丘，或者至多只走去半里地，地名甚至不如植物重要，因为足不出户。而田野之上、河流之中，荇菜、莼菜、蒌蒿、飞蓬、蘋、白茅、黍……正在蓬勃生长。

《诗经》之后的文学作品里,地名逐渐并且迅速多了起来。比如距离《诗经》很近的楚辞、汉乐府,地名不仅繁多,而且越来越细化。到了唐诗宋词,几乎无地名而不成诗。这是因为,中华文明在黄河流域发祥、繁衍,然后顺流而下,或者逆流而上。水流的方向,就是部落大迁徙的方向。迁徙带来了交流,交流带来了融合,融合带来了发展,发展带来了繁荣。

今天的文学,样式多、流派多、风格多,如同一棵参天大树,枝繁叶茂,但它们都发端于几千年前的诗文。

那里是我们出发的地方,引人入胜。

一卷《诗经》,思无邪!或是在旷野高歌,或是在庭院低吟。我常常掩卷,朝圣般看向遥远的地方。感谢先民,他们没有留下自己的名字,但是,留下了永远的《诗经》。

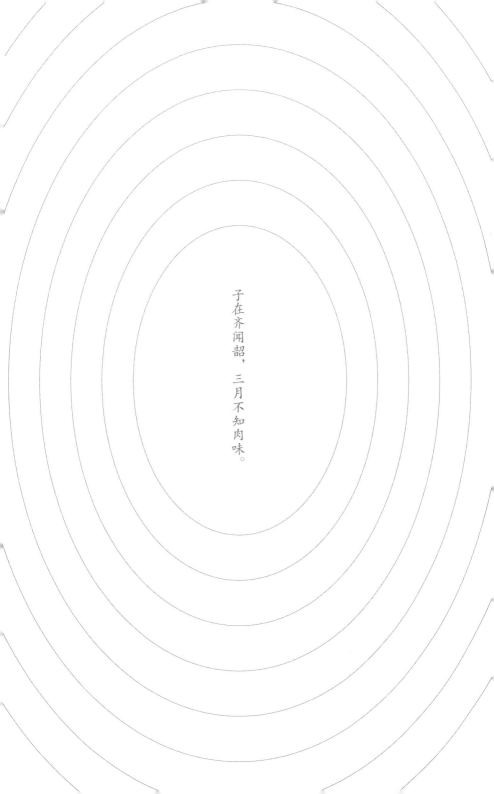

子在齐闻韶，三月不知肉味。

天将以夫子为木铎

京城大门打开，一个老人走了出来。他背着特制的竹简，摇着木铎，朝着既定的方向，开始长途跋涉。

"采诗官又走了。"京城的人听到木铎声说。

采诗官走在狭窄的官道上。蒹葭返青，荇菜参差，杨柳轻飘，黍苗拔节，油菜花黄，野蜂飞舞，喜鹊叽喳。他不禁唱起他和同事采集到的歌谣："春日迟迟，卉木萋萋"（《小雅·出车》），"桃之夭夭，灼灼其华"（《周南·桃夭》），"今我来思，雨雪霏霏"（《小雅·采薇》）。

伴随着歌唱，木铎发出悦耳的清响。

"采诗官又来了。"沿途的乡亲听到木铎声说。

乡亲把采诗官接到家里，奉为上宾。"为此春酒，以介眉寿。"（《豳风·七月》）再唱一首新歌《魏风·伐檀》：

坎坎伐檀兮，寘之河之干兮，河水清且涟猗。不稼不穑，胡取禾三百廛兮？不狩不猎，胡瞻尔庭有县貆兮？彼君子兮，不素餐兮！

这是 3 000 多年前的事情。

每年早春，都有采诗官从京城出发，足迹遍布汉水、长江中游、黄河中下游。山水迢迢，经年累月，只为一件事：采集民间歌谣。

采诗官是中国历史上，最古老、最有品位的文化职业。

不是每一个人都能胜任这份工作。除了脚健耳聪、吃苦耐劳外，还要能听懂方言、精通音律，并且要能把采集到的歌谣，速记在竹简上。

在相当长的一段时间里，采诗官大多是孤寡老人，被朝廷专门选派。他们无牵无挂，但知书达理，经历丰富，洞悉古今，心存悲悯。

散落在山野之间，散发着泥土和禾稼气息的歌谣，如同盛开的花，等待像蜜蜂一样寻觅的采诗官。

采诗官的工作充满艰辛，但也充盈着幸福和诱惑，就连思想家、政治家、军事家、哲学家、武术家、教育家尹吉甫（公元前 852—前 775 年），也是歌谣的采集者和编撰者。有足够的资料证明，他还是《诗经·大雅》中《崧高》《烝民》《韩奕》

● 清　孙逸　《溪桥觅句图》　安徽博物院藏

14

《江汉》的作者。

> 四牡骙骙，八鸾喈喈。仲山甫徂齐，式遄其归。吉甫
> 作诵，穆如清风。仲山甫永怀，以慰其心。(《大雅·烝民》)

尹吉甫甚至是歌谣赞颂的对象。《小雅·六月》，描写了他北伐的过程：

> 六月栖栖，戎车既饬。四牡骙骙，载是常服。玁狁孔
> 炽，我是用急。王于出征，以匡王国。

采集的本质是选择。

乡亲们知道，乡言村语，难免平庸和糟粕。他们选择最好的歌谣，唱给采诗官听，以献周王。

采诗官知道，根植于民间的歌谣，不仅将"献之大师，比其音律，以闻于天子"(《汉书·食货志》)，而且"王者所以观风俗，知得失，自考正也"(《汉书·艺文志》)。他们选择最

有意思和意义的歌谣，带回京城整理成篇。

呦呦鹿鸣，食野之苹。我有嘉宾，鼓瑟吹笙。（《小雅·鹿鸣》）

文王在上，於昭于天。周虽旧邦，其命维新。（《大雅·文王》）

於穆清庙，肃雍显相。济济多士，秉文之德。对越在天，骏奔走在庙。（《周颂·清庙》）

尹吉甫还是伟大的文学家、音乐家。他被像露珠新鲜、麦粒饱满的歌谣打动，择取出 3 000 多首生动辉煌的篇章。

中国诗歌、文学的源头，一下子就有了触摸星辰的高度。

朝野同歌。

300 多年过去了。

初春的黄昏，乍暖还寒。高大而苍老的孔子（公元前

551—前 479 年），席地而坐，地上铺陈一堆堆竹简。周游列国 14 年后，68 岁的他，带着弟子回到出发地——鲁国。他修《书》，定《礼》《乐》，序《周易》，作《春秋》，耳边回响的，是一路上听到的歌谣。

> 蒹葭苍苍，白露为霜。所谓伊人，在水一方。溯洄从之，道阻且长。溯游从之，宛在水中央。（《秦风·蒹葭》）

> 知我者谓我心忧，不知我者谓我何求。悠悠苍天，此何人哉！（《王风·黍离》）

孔子在音乐上造诣极高，尤喜韶乐，"子谓韶，'尽美矣，又尽善也'"（《论语·八佾》），以至于"闻韶，三月不知肉味"（《论语·述而》）。

现在，孔子工作已经完成，《书》《礼》《乐》《易》《春秋》，整齐地码放在四周，剩下的全部精力，倾注于歌谣的编订。他以"取可施于礼义"（《史记·孔子世家》）为标，以"尽善尽美"

为本，从尹吉甫择取的 3 000 多篇中，披沙拣金，选出 305 篇，编集成《诗》。其中，160 篇为《风》，105 篇为《雅》，40 篇为《颂》，并把《文王》《鹿鸣》和《清庙》，分别确定为《大雅》《小雅》和《颂》的开篇。

《风》是各地民歌；《雅》分《大雅》《小雅》，大多是贵族用来祭祀的诗歌；《颂》是朝廷宗庙祭祀的诗歌。三者先后顺序怎么安排？按尊卑，似乎应该《颂》《雅》《风》。

子夏掌灯进来。

子夏（公元前 507—前 420 年），姓卜名商，是"孔门十哲"之一。孔子对他的评价极高："起予者商也！始可与言诗已矣。"（《论语·八佾》）意思是说，能够启发我的人是你卜商啊，我现在可以和你谈《诗》了。

孔子示意子夏，把《颂》移到《雅》之后，又把《风》移到《雅》之前。然后，他在子夏的搀扶下站起来，拿起竹简，且展且歌：

　　关关雎鸠，在河之洲。窈窕淑女，君子好逑。参差荇菜，左右流之。窈窕淑女，寤寐求之。（《周南·关雎》）

孔子看到子夏的眼光中有一丝犹豫，缓缓地说："思无邪。"他弯下腰，在《风》的最前面，放下《关雎》。

"美哉！"子夏豁然开朗，仿佛由男欢女爱，看到男耕女织、风调雨顺，看到礼乐治国、国泰民安。如豆的灯火，在深夜有了如炬的光亮，满屋的竹简熠熠生辉。他想起路过仪（今河南兰考县），一位官员对老师的赞颂："天将以夫子为木铎。"（《论语·八佾》）他调皮地拿出木铎，轻轻振动。

动听的声音，在孔子的头顶鸣响。

孔子指定，子夏传《诗》。

又过了300多年。自西汉起，《诗》被尊为《诗经》。

不知我者谓我何求。

3

麦秀黍离之悲

一个朝代的毁灭，不管怎么说，都值得悲伤。

中国史书记载的第一个朝代是夏（约公元前 2070—前 1600 年）。夏朝延续 471 年，被商所灭。桀是夏朝最后一个君主，也是有史以来，第一个葬送一个朝代的暴君。

商（约公元前 1600—约前 1046 年）是中国历史上第二个朝代，延续 555 年。商朝最初频繁迁都，后来定都于"殷"（今河南安阳），又称"殷商"。

商朝有一个君主叫帝辛，也就是纣，是帝乙的小儿子，在位 30 年。继位之始，他和桀一样，励精图治，后来也和桀一样，暴虐无道、荒淫无耻。公元前 1046 年，商朝的军队与周武王率领的诸侯联军，在牧野决战，被击败，纣自焚身亡。纣也和桀一样，成了一个朝代最后的君主。从此"桀纣"齐名，成为"暴君"的代名词。

商朝是被眼看着灭亡的。

商朝有一个太师叫胥余，是帝乙的弟弟、纣的叔父。因被封于箕（今山西太谷县东北），又叫"箕子"。他辅佐朝政，功勋卓著，与微子、比干并称"殷末三仁"。《论语·微子》中记载：

微子去之，箕子为之奴，比干谏而死。孔子曰："殷有三仁焉。"

微子是纣的哥哥。他看不惯纣的暴虐荒淫，又无力回天，带着祖宗牌位投奔了周武王。

比干和箕子一样，也是帝乙的弟弟、纣的叔父。他看不惯纣的暴虐荒淫，天天谏言，被纣杀害，成为中国历史上第一个以死谏君的忠臣。《封神演义》中说，纣听信妲己妖言，让比干剜挖了自己的心。

箕子呢？

箕子的眼光和微子、比干一样，准确、深刻，而且见微知著。看到纣吃饭用象牙筷子，他感叹说："彼为象箸，必为玉梧。为梧，则必思远方珍怪之物而御之矣，舆马宫室之渐自此始，不可振也。"（《史记·宋微子世家》）纣用象牙筷子，碗要美玉做的才能匹配，整天想着把天下的宝贝都搞进王宫，不理朝政，江河日下。他看不惯纣的暴虐荒淫，装疯，披头散发、鼓琴而歌。纣信以为真，先囚禁他，再贬为奴隶。

商朝灭，周朝（公元前 1046—前 256 年）立。

箕子没法挽救商，又不肯服务周，趁乱，躲进棋子山（今山西晋城市陵川县），琢磨围棋，寻求物理，参悟阴阳。周武王求贤若渴，请他出山。但箕子说过："商其沦丧，我罔为臣仆。"（《尚书·微子》）商如果灭亡了，我不会做新王朝的臣仆。他将夏禹传下的治国方略《洪范》留给周武王，带人一路逃遁，东渡朝鲜。

殷道衰，箕子去之朝鲜，教其民以礼义，田蚕织作。（《汉书·地理志》）

周武王知道箕子的下落后，封他为朝鲜国君，邀他回乡探望。箕子在 52 岁这一年，从朝鲜回国，到都城镐京（今陕西西安市长安区）朝见天子周武王。据《史记·宋微子世家》载：

其后箕子朝周，过故殷虚，感宫室毁坏，生禾黍，箕子伤之，欲哭则不可，欲泣为其近妇人，乃作麦秀之诗以歌咏之。

箕子途径殷商的都城朝歌（今河南鹤壁市淇县），看到繁华不再，残垣断壁，麦禾青青，想哭，又觉得不能像妇人那样。于是以诗当哭，作《麦秀》：

麦秀渐渐兮，禾黍油油。彼狡僮兮，不与我好兮！（《史记·宋微子世家》）

"狡僮"指的是纣。表面上是"那个调皮的孩子啊，不愿意和我友好"，实际上是"侄儿啊，你当初听我的，我朝怎么会倾覆"。

《麦秀》是中国现存最早的文人诗。寥寥十几个字，写景抒情，景越美、情越悲，用委婉的表述、沉郁的音律，唱一个朝代的挽歌。

历史有着惊人的相似之处。

周是中国历史上第三个朝代，也是中国奴隶社会最后一个王朝，分为西周（公元前1046—前771年）和东周（公元前770—前256年），享国790年。

● 明 沈周《京口送别图》上海博物馆藏

周或者西周，由周武王创建，定都镐京。

公元前 782 年，周幽王继位。他和桀、纣一样，荒淫无道，为讨好褒姒，不惜"烽火戏诸侯"。公元前 771 年，"幽灭于戏"（《国语·鲁语》）。周幽王被杀于戏（今陕西临潼），成了西周最后一个君主。镐京陷落，西周灭亡。

公元前 770 年，周平王东迁，定都洛邑（今河南洛阳），史称东周。

"周大夫行役，至于宗周，过故宗庙宫室，尽为禾黍。闵周室之颠覆，彷徨不忍去，而作是诗也。"（《毛诗注疏》）一天，东周的一位大夫来到镐京。这位曾经的西周重臣，重游昔日京城，但见废墟之上，黍子饱满、稷子苗壮，不禁悲从中来，作

《黍离》：

> 彼黍离离，彼稷之苗。行迈靡靡，中心摇摇。知我者谓我心忧，不知我者谓我何求。悠悠苍天，此何人哉！
>
> 彼黍离离，彼稷之穗。行迈靡靡，中心如醉。知我者谓我心忧，不知我者谓我何求。悠悠苍天，此何人哉！
>
> 彼黍离离，彼稷之实。行迈靡靡，中心如噎。知我者谓我心忧，不知我者谓我何求。悠悠苍天，此何人哉！

一行行黍子啊，穗儿低垂；一棵棵稷子啊，苗儿青葱。行走在昔日王宫啊，脚步迟缓；故国不堪回首啊，内心沉重。能够理解我的人啊，知道忧愁愤懑积压心中；不能理解我的人啊，以为有什么不可告人的隐衷。苍天在上啊，是谁让我有丧家、丧国之痛！

…………

全诗3章，24句，中间只换6个字，却一唱三叹、回环往复、层层递进。积郁心中的悲伤、不能明言的哀怨，含而不露又恣肆汪洋。"开口着一彼字，见他凄凉满目。结尾着一此字，见他怨恨满怀。"（清·陈继揆《读风臆补》）

丧国之悲，必定带来天下苍生丧家之苦。这种悲苦，天崩地裂，但在新生的朝代，不能呼天抢地，甚至不能掩面而泣。情郁于中，必然要发乎其外，于是有《麦秀》和《黍离》。

"麦秀黍离""黍离麦秀"，异曲同工、一曲两唱，成为朝代逝去的悲歌，让往事并不遥远，历历在目，并且警醒后世，声若洪钟。

这或许就是孔子整理修撰《诗经》，将《黍离》放在《王风》之首的原因。

月出皎兮，佼人僚兮。

原始的生命歌唱

有朋友问我，我国最早写月亮的诗是哪一首。我说是《诗经》中的《月出》。朋友问我依据呢，我说，依据是《月出》出自《诗经》。

月出皎兮，佼人僚兮。舒窈纠兮，劳心悄兮。

月出皓兮，佼人懰兮。舒忧受兮，劳心慅兮。

月出照兮，佼人燎兮。舒夭绍兮，劳心惨兮。

这就是《月出》，出自陈国（公元前1046—前478年，今河南东部与安徽一部分），属于十五国风的《陈风》。

一轮明月冉冉升起来，一个姑娘款款走出来。月亮美，姑娘更美，让我好心喜、好心乱、好心焦。

《陈风·月出》句式整齐，词章华彩，音韵绵长，景人合一，情景交融，美不胜收。不可否认，其中少不了搜集者、编辑者的整理和加工，但最核心、最关键的，还是这首诗本身的魅力。一堆烂铁，即使浓墨重彩也难掩锈蚀，而一块真金，稍作擦拭，立即熠熠生辉。

《诗经》是我国第一部诗歌总集，收录自西周初年至春秋中叶大约 500 年间的 305 首诗。我以为，《诗经》里的诗，无论写到什么，都可以视作"最早"。即使在《诗经》中排序有先后，却未必是成诗的早晚。因为《诗经》的编排，并不是按时间顺序。

比如，《诗经》中"黍"：

彼黍离离，彼稷之苗。行迈靡靡，中心摇摇。(《王风·黍离》)

芃芃黍苗，阴雨膏之。悠悠南行，召伯劳之。(《小雅·黍苗》

虽然《风》在前、《雅》在后，但《黍离》与《黍苗》在时间上孰先孰后，很难说。

年代毕竟久远，粼粼波光难以追溯，但烟波浩渺，却可以引来无限想象。

想一想吧，三四千年前甚至更久，在以黄河流域为中心、南到长江北岸的广袤地区；在陕西、甘肃、山西、山东、河北、河南、安徽、湖北等地域；在陌上、河之干、河之洲、水一方等地方；在关关雎鸠、雨雪霏霏、桃之夭夭、七月流火等时候……虽然交通阻塞、音讯隔绝，但诗乘着各种方言，相传如马，和唱如风，如同遍地禾稼、满天星斗。

这是何等的崇高与辉煌！

《诗经》是总集，也是选集。既然选，可能入选，也可能落选。在今天看来，先秦的诗，无论写到什么，都可以称之为第一。只是我们很少听说，在《诗经》之外，先秦的诗还有哪些。

有，而且很多。

相传，早生孔子 300 年的尹吉甫（公元前 852—前 775 年），搜集并留存了大量的诗篇。它们是《诗经》的前身。

同样相传，孔子（公元前 551—前 479 年）面对的是 3 000 多首诗。编订《诗经》，是孔子的巨大贡献。如果能多收录一些就更好了，但这怪不得孔子。整理、选择、排序、编订，事业伟大，但工程浩大。孔子劳心耗神，已经竭尽全力。

明 沈周《钓月亭图》台北故宫博物院藏

虽相传，却可信。处处歌谣，如星罗棋布，总要有人归拢。尹吉甫是黄帝后裔、周朝太师、尹国国君，有条件和能力广为搜集。而孔子编订《诗经》，不可能只是照抄305篇，一定是"海选"，因此必有遗珠。

比如中国现存最早的文人诗《麦秀》，"麦秀渐渐兮，禾黍油油。彼狡僮兮，不与我好兮"，没有入选《诗经》。究其原因，并不复杂。《麦秀》与《黍离》意思相近，艺术上却稍逊《黍离》。但《麦秀》并没有湮没，司马迁将其记入《史记·宋微子世家》。

被《诗经》收录的都是诗。那么，先秦时期，诗之外有文吗？

当然有。

断竹续竹；飞土逐宍。（《吴越春秋·勾践阴谋外传》）

这是一篇题为《弹歌》的短文，勾践询问射箭高手陈音射箭之道，陈音于应对中引古歌曰："断竹续竹；飞土逐宍。"意思是说，"砍伐竹子做成弓箭，射出土块击中猎物"。

《弹歌》一共8个字，其中4个动词、4个名词，每个动词精准对应一个名词。短促、简单、跳跃、凝重，跨度大、过程长、内容广、节奏快，场面壮阔、气势恢弘，再现了先秦艰难、忙碌的生产与生活图景。

先民对音韵虽然还没有系统认知，但歌谣从心底而出、凭音感而发，节奏、韵律与生俱来、浑然天成。

从句式和内容看，《弹歌》应该起于原始社会。这可能是已知的中国最早的歌谣。

《弹歌》没有被收录进《诗经》中。但它被选入《吴越春秋·勾践阴谋外传》。陈音解释射箭之道，正好听说过《弹歌》，引经据典。于是，《弹歌》假借他人之口得以流传。

同时期还有一篇《伊耆氏蜡辞》：

土反其宅，

水归其壑，

昆虫毋作，

草木归其泽。

《礼记·郊特牲》记载的《伊耆氏蜡辞》，相传为伊耆氏（即神农氏）所作。所谓"蜡"，实为"腊"，指"腊祭"——古时在十二月的祭祀活动。

进入新石器时代，原始农业萌芽，祝祷风调雨顺、谷黍丰收的祭祀活动，逐步应时而生。每年十二月，部落首领带领大家祭祀百神，感谢神灵对过去一年的福佑，并祈福来年。

> 泥土不要流失啊，在原处。
>
> 河水不要泛滥啊，归沟壑。
>
> 害虫可怕啊，不繁殖。
>
> 野草难除啊，回沼泽。

四句诗，涉及"土""水""虫""草"。这四个方面，与现代农业生产的好坏，依然紧密相关，更何况是生产力低下的原始农业？自然灾害随时来袭，部落先民根本无力抵御，生灵屡遭涂炭。他们只得向冥冥之中的神灵，虔诚地献上庄严的"蜡辞"。

这或许是最早的农事祭歌？

《七月》，第一首反映农夫艰辛劳动的诗？

《采薇》，第一首反映士兵征战生活的诗？

《关雎》，第一首反映青年爱情生活的诗？

…………

我以为是。因为我们找不到理由说不是。

其实，阅读先秦诗文，考究其是不是第一，倒在其次。最重要的是，我们听到了先民最原始、最本质的声音。

这些最早的诗或者歌，与古老的音乐、舞蹈和岩画，成为华夏文明最初的辉煌，喷薄而出，光照古今，并且直抵更为遥远的未来。

七月流火，九月授衣。

把日子过成岁月

我问自己，如果只能喜欢一部作品，那会是什么呢？毫无疑问，是《诗经》。

和大部分人一样，我喜欢《诗经》，是从喜欢名句开始的。

> 关关雎鸠，在河之洲。（《周南·关雎》）
>
> 蒹葭苍苍，白露为霜。（《秦风·蒹葭》）
>
> 呦呦鹿鸣，食野之苹。（《小雅·鹿鸣》）
>
> 桃之夭夭，灼灼其华。（《周南·桃夭》）
>
> 知我者谓我心忧，不知我者谓我何求。（《王风·黍离》）
>
> 投我以木瓜，报之以琼琚。（《卫风·木瓜》）

我喜欢的，当然还有《豳风·七月》。

相比较而言，《豳风·七月》并不为大家所熟知。但提到它的第一句"七月流火"，知道的人一定不在少数。虽然很多人，包括我，把"七月流火"理解错了。

不是《诗经》专门研究者，如果只停留在名句上，未尝不可，但总之是很大的缺憾。"一枝红杏"固然是春，"不到园林，怎知春色如许"？由名句而名篇、由名篇而全书，是不错的途径。名句牵手，亦步亦趋。云蒸霞蔚，仪态万方。

一句一句，一篇一篇，爱不释手。

我喜欢《豳风·七月》，有一个过程。篇幅太长、月份颠倒、场面杂陈、字词陌生……如果不喜欢，可以有一万个理由。我甚至懒得去查"豳"的读音，粗暴地念"幽"；至于"流火"，想当然是七月酷暑炎热，天上像流动着的火。

有一天，我忽然想，孔子当年编选《诗经》，至少百里挑一，为什么要选一篇《诗经》中最长的《豳风·七月》？

> 七月流火，九月授衣。一之日觱发，二之日栗烈。无衣无褐，何以卒岁？三之日于耜，四之日举趾。同我妇子，馌彼南亩，田畯至喜。

这是《豳风·七月》的第一小节。

"豳"到底不读"幽"，和"宾"同音，是上古时期的地名。

"流火"，竟然是大火星渐渐西沉。

泰尚此脊派悦天長堤本柳根
宫娟檐薰苕笙且歸去晴日仍
枕午背眠　昔安郡仕倫

結廬次江千江田多樹
林秋未籙笙臍病伐垂
盧日　　　　同年

山居何所悦手韻足耒年誰還清明尚郫
成栖柳烟荷采歸院上罋特立稿遺好侍
春青足閑連負郫田　武與陳嗎軼

清　蕭晨　《江田种秋图》故宫博物院藏

48

"七月""九月"是夏历，但"一之日""二之日"不是一日、二日，是"周历"的十一月、十二月。类推，"三之日""四之日"，则是周历的正月和二月。

这一小节的意思是：七月大火星西落，九月准备冬衣。十一月北风呼啸，十二月寒气侵袭。没有衣服，怎么熬过严寒的年底？正月修锄，二月耕种。我带着妻儿一起下地，干粮放在朝阳的地方。田官来了，看到我们一家都在劳动，非常欣喜。

第一小节还看不出什么名堂。但读第二小节，有点意思了。

七月流火，九月授衣。春日载阳，有鸣仓庚。女执懿筐，遵彼微行，爰求柔桑。春日迟迟，采蘩祁祁。女心伤悲，殆及公子同归。

春光明媚，黄莺歌唱。一个姑娘提着深深的篮子，走在桑间小路上。她采摘鲜嫩的桑叶和茂盛的白蒿，心中悲伤，害怕要跟着公子去他乡。

三四千年前，在今天的陕西省彬县、旬邑县一带，生活着一个农业部落。《豳风·七月》，看似写"七月"，其实是约定俗成，取"七月流火"第一个词组为题。它记叙的是部落居民一年的劳动和生活，具体包括：缝衣、春耕、采桑、养蚕、纺织、狩猎、酿酒、煮豆、打枣、收粮、储物、割草、砍柴、修屋、熏鼠、凿冰、祭祀、宴乐等。

这时候的豳国，阶级已经形成，主仆俨然分明，但还在奴隶社会初期。字里行间虽然透露出劳作的艰辛，但先民们明白，不劳作，哪里能吃饭穿衣？他们忙忙碌碌，各司其职，按部就班。

有一次，我突发奇想，把《豳风·七月》里"颠倒"的月份，按时间顺序做了调整：

三之日于耜。三之日（正月）纳于凌阴。

四之日举趾。四之日（二月）其蚤。

蚕月（三月）条桑。

四月秀葽。

五月鸣蜩。五月斯螽动股。

六月莎鸡振羽。六月食郁及薁。

七月流火。七月鸣鵙。七月在野。七月亨葵及菽。七月食瓜。

八月萑苇。八月载绩。八月其获。八月在宇。八月剥枣。八月断壶。

九月授衣。九月在户。九月叔苴。九月筑场圃。九月肃霜。

十月陨萚。十月蟋蟀入我床下。十月获稻。十月纳禾稼。十月涤场。

一之日（十一月）觱发。一之日于貉。

二之日（十二月）栗烈。二之日其同。二之日凿冰冲冲。

豳国这一年啊！

那么多的事，那么多的人。先民们吃苦耐劳，按时而作，井井有条。他们摆开了我们这个民族的基本格局，春耕、夏耘、秋收、冬藏。寻常阡陌，烟火人家，随遇而安，把酒桑麻。

我无数次进入《豳风·七月》。我惊奇地发现，艰辛并没有让先民们失去生命的优雅、精神的敏锐。以土地为生的人，对土地上的一切都格外留心，心怀悲悯。他们甚至愿意花上不少的文字和时间，来描述蚱蜢、织娘、蟋蟀：

五月斯螽动股，六月莎鸡振羽。七月在野，八月在宇，九月在户，十月蟋蟀入我床下。

五月蚱蜢弹跳，六月织娘振翅。七月蟋蟀在田野，八月来檐下，九月进得门口，十月钻到床底。蚱蜢、织娘、蟋蟀，这些昆虫，虽然生命短暂，但兴致勃勃，生机盎然。这是皇天后土赐给先民的乐趣，也是时令更替对他们的提醒。这其中更有他们与生俱来的认知：再卑微的生命，也有自己的日子和活法。

这一年，满满当当。

朋酒斯飨，曰杀羔羊。跻彼公堂，称彼兕觥，万寿无疆！

年底是一年的盼头，年底终于到来。美酒敬宾客，佳肴大家尝。聚在主人家，举杯祝无疆。但年底的欢愉，只是岁月的一个节点。酒足饭饱之后，就是来年。春夏秋冬，四季轮回，年复一年。

生活的本质就是周而复始。

对三四千年前，甚至更为久远的时间，在豳国诞生的《豳风·七月》的作者和传唱人，我心生敬意。这些没有留下姓名的艺术家，在劳作、生活的间隙，触景生情，留下了生动的画卷、灿烂的歌诗。

史诗般的书写！

我心生敬意，对《豳风·七月》流传之链上所有的人，从采诗官到孔子。他们的采撷与编选，让我们看到了先民们在古老土地上的劳动与生活、生存与繁衍、辛苦与欢愉、寒冷与温暖。他们把一个个充实的日子，过成了绵长的岁月，川流不息。

使命般的流传！

七月流火，九月授衣。

53

听，只要开口吟哦，久远的场景就会穿透时光，扑面而来，成为我们熟悉的生活或者憧憬。

《豳风·七月》，教我如何不喜欢？我满心欢喜。

从此男男女女，熙熙攘攘。

华夏大地的创世记

我曾经在相当长的一段时间内，计划做一件事：把远古神话，改编成今天的文字。

这样做有两个原因。其一，我非常喜欢远古神话。这些神话语言凝练，想象奇崛，气势如虹。其二，这些神话文字太少。这就留下了太大的想象空间、拓展余地。

面对 2 500 年前甚至更为久远的文字，我跃跃欲试。但是，无论我怎样努力，其结果都不忍卒看。翻译，虽然让意思明了，文字却如干瘪的纸人；扩写，虽然拉长了篇幅，甚至洋洋万言，内容好似水浸的泥人。无论干瘪还是水浸，都缺少精气神，一触即溃。

而远古神话，是何等挺拔、精神！

比如"精卫填海"：

又北二百里，曰发鸠之山，其上多柘木。有鸟焉，其状如乌，文首、白喙、赤足，名曰精卫，其鸣自詨。是炎帝之少女名曰女娃，女娃游于东海，溺而不返，故为精卫，常衔西山之木石，以堙于东海。漳水出焉，东

流注于河。(《山海经·北山经》)

比如"共工触山"：

　　昔者，共工与颛顼争为帝，怒而触不周之山，天柱折，地维绝。天倾西北，故日月星辰移焉；地不满东南，故水潦尘埃归焉。(《淮南子·天文训》)

比如"后羿射日"：

　　逮至尧之时，十日并出，焦禾稼，杀草木，而民无所食。猰貐、凿齿、九婴、大风、封豨、修蛇皆为民害。尧乃使羿诛凿齿于畴华之野，杀九婴于凶水之上，缴大风于青丘之泽，上射十日而下杀猰貐，断修蛇于洞庭，禽封豨于桑林。万民皆喜，置尧以为天子。(《淮南子·本经训》)

这些多一字不可、少一字不能的文字，硌得你心疼。你就像面对自己嶙峋却矍铄的父亲，敢去增加一星半点儿的皮肉？况且这些皮肉宛如天成。

这些毫无烟火气的文字，纯净得你心慌。你就像面对孩子天真无邪的眼睛，即使有世界上最干净的、哪怕是春天的云裁成的手巾，就敢去擦拭？

每一篇都是宏大叙事的格局，却又都是巧妙切入，让惊天动地凝固于一个基点；每一篇虽然都是寥寥数语，却在背后隐藏着鸿篇巨制的气派，随时喷薄而出。

我一次又一次在远古神话的字里行间游走。这些神话，并不是奇绝的单篇，而是字字关照、句句相应、篇篇结盟、一脉相承：

世界本是混沌，天地不分。盘古在其中昏睡一万八千年，然后苏醒，开天辟地，直至气绝，身体化为日月星辰、山川草木。（"盘古开天地"）

天地既成，荒无人烟，于是女娲造人。从此男男女女，熙熙攘攘。（"女娲造人"）

四根擎天柱倾塌，九州大地崩裂，天不能覆盖大地，地无法承载万物，大火蔓延，洪水泛滥，野兽作恶多端。于是，女娲补天，天地祥和。（"女娲补天"）

天上十个太阳炙烤，大地干旱严重，民不聊生。后羿连射九日，只留下一个太阳，东升西落。（"后羿射日"）

....

有人说，中华远古神话，不像希腊神话有完整的体系。我不这样认为。中华远古神话，因为时间久远，遗存极少、丢失更多。但是，仅仅是保留下来的这些单篇故事，连成一体，足以构成一部华夏大地的创世记。

还有人说，神话思维与原始先民的心智能力紧密相连。意思是说，神话是人类心智发展处于低端时的产物。我不这样以为。生产力水平低下，不意味着心智能力低下——倘若低下，又怎会产生如此简约、灿烂的想象，如此简单、精当的文字，如此简明、深邃的思想？

在人类智能水平突飞猛进的今天，我们的想象力、表达力、感知力，能不能超越先民的高度？

这些神话故事，诞生于远古时期。那是怎样的年代？交通阻塞，通讯全无，更谈不上一丝一毫的科学技术。那是荒蛮之地、混沌之时，人们囿于洞穴、足不出户——即使出户也困难重重。

在《山海经》中，有不少表示距离的文字：

又东三百里，曰堂庭之山，多棪木，多白猿，多水玉，多黄金。（《山海经·南山经》）

又东三百八十里，曰猿翼之山，其中多怪兽，水多怪鱼，多白玉，多蝮虫，多怪蛇，多怪木，不可以上。（《山海经·南山经》）

真的是"三百里""三百八十里",而且如此精确?决然不是。这在今天是举步可达、极目可至的"近",在当时却是穷其毕生也可能到达不了的"远"。这恰恰"暴露"了原始先民的局限性——这如孩童般可爱的局限。

● 清 蒋溥《月中桂兔图》故宫博物院藏

面对突变、多变、灾变、巨变的自然，原始先民仰啸苍天、俯扣大地，惊慌失措、抱头鼠窜、狼奔豕突。无数原始先民倒毙，死不瞑目——那一双双惊恐、疑惑、不甘的眼睛。

于是，原始先民因恐惧而祈祷，因祈祷而敬畏。

当无法掌握自己命运的时候，只能想到有掌控自己命运的神秘力量存在。困苦的环境，反而激发了他们的想象。

原始先民面对未知世界，找到了非常好的切入点：把自己与自然结合。在他们眼里，世界充满奇异与神秘。他们理所当然地认为，自然万物和自己一样，拥有灵魂、意志和情感。于是，他们给自身注入巨大的力量，与诡秘莫测的自然之力抗争。最终，几乎都以悲壮的失败而告终。身体与自然万物融为一体，化为不朽的日月，或者永恒的山河。

夸父与日逐走，入日。渴欲得饮，饮于河渭，河渭不足，北饮大泽。未至，道渴而死。弃其杖，化为邓林。(《山海经·海外北经》)

可能吗？怎么可能！

不可能吗？怎么不可能！

我明明知道"事"不是真的，却又宁愿确信其真。

那些石破天惊的故事，那些感人至深的故事，那些九死一生的故事。

我明明知道"人"不可能如此，却又宁愿确信一定如此。

那些至死不渝的人，那些胆大妄为的人，那些顶天立地的人。

伟大的先民，创造了伟大的故事；伟大的故事里，挺身站起了伟大的先民。

也许，正因"局限"，才造就了神话！

于是，我似乎明白了远古神话"难改"的原因。那是华夏先祖精神的圣殿，读之、品之、赏之，需小心翼翼、肃然起敬。在似乎没有"局限"的今天，随意戏耍、把玩，哪怕是一点儿的嘈杂之声，都会显得俗不可耐、贻笑大方。

而这，正是我们的局限。

弃其杖，化为邓林。

历史的一种真实

世界上任何一个民族，如果没有足够久远的历史，不可能拥有神话传说。因此，仅仅把神话传说当作文学作品鉴赏，远远不够，它还是篇幅精微但内容恢宏的历史——我一向以为，神话传说不是真实的历史，却是一个民族历史的真实的部分。

神话传说的诞生，与先祖所处时代、认知水平密切相关。我们如今无法亲历他们的生活场景，但其环境之恶劣，应该是无论怎么想象、夸张都不为过的。

往古之时，四极废，九州裂，天不兼覆，地不周载，火爁焱而不灭，水浩洋而不息，猛兽食颛民，鸷鸟攫老弱。（《淮南子·览冥训》）

那个有女娲的世界：大火一直烧着，洪水一直泛滥着，猛兽横行，天地是破碎的。这个时候，我们的先祖正值"童年"——所谓"童年"，有两个意思，一是人类文明之旅刚刚启程，二是他们常常未成年就夭折了。他们孩童般好奇的眼睛，终日面对洪水滔滔、惊雷滚滚、大火熊熊，面对虎豹熊罴、魑魅魍魉，不会无动于衷。他们在惊恐之余，苦苦探究，他们试图去解释这一切——这是他们有思想的苦恼，也是他们的幸运。

终于有一天，先祖豁然开朗，找到答案之日，便是神话传说诞生之时，他们把那些可怕的经历，用算不上美丽但足够奇炫的故事记录下来，口口相传、代代相授。又终于有一天，文字出现。寥寥数语，满载遥远时代的信息，流传至今，那是一个民族的密码与基因。

我惊叹我们这个民族的神话传说，无论是自然神话，还是英雄神话，那些独一无二且石破天惊的构思和幻想，是先祖无双的创造。随之一同创造的，还有燧木、石斧、陶罐、围垦、疏浚、驯养。两种创造，并驾齐驱，都是不容置疑的真实。先祖在远古的努力，化作江河般不竭的乳汁，滋养后辈。

盘古开天地、女娲造人、女娲补天、精卫填海、夸父逐日、后羿射日、大禹治水……这些丰碑一样的神话传说，都关照着历史上曾经发生过的大事件。"女娲补天"，背景也许是地

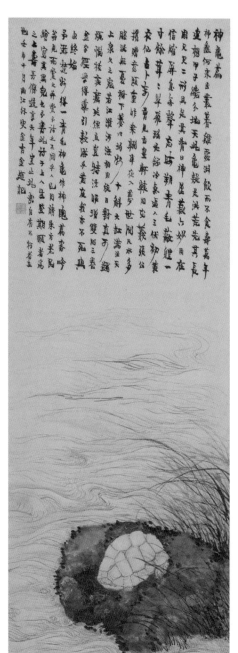

神龜嘉
神龜何來立叢薄雜露湑飲而不食壽萬年
遠相甲子燮久地天鬼神龜靈是洪荒先其長
因又尺二衍且足毋骨曰神坐藏乃妙用在
信縮庤斂綦志珂朝青毛蔵逮一
寸餘莘三翠雅珞光泠泉遠入三伏初養
交仇吉卜寺曾見舌尊鈌曰安載張公
揩磨音顏重非寨翻年忽入夢世間久水多
臘滅無夏稻下场狀十斛大虹罢生天
上泉久之寇芳江漾沙泛相目後日對真不
煩濁後宾寫延餛直特泱眼琅璨雙四卷
金宁經惠得藻引毅綵乎黄庭宾亦不與
永绦姑   初建必窈得一青毛神龜作神圖嘉容吟
弔浩如建岁賞之彝賞乎活立不同余人紀目誧朱乡差图
繪鬒真墨鬼也多壽蜥讨于上人並盥期頣者高
之止壽吾侪逞享天年崖止鳬武
甲午十月由江紹奕金吾金趣龍   自危不朽若主

● 清 蔡嘉《神龜圖》旅順博物館藏

72

壳未稳定时的人间炼狱；夸父追日，可能应对的是地球"寒冷期"；后羿射日，或许中原遭遇罕见的大旱。这些是真正的"宏大叙事""精短表达"。

我们看"盘古开天地"：

（盘古）将身一伸，天即渐高，地便坠下。而天地更有相连者，左手执凿，右手持斧，或用斧劈，或以凿开。自是神力。久而天地乃分，二气升降，清者上为天，浊者下为地。自此而混茫开矣。（《开辟衍绎通俗志传·盘古氏开天辟地》）

盘古开天辟地的版本很多，但有一点都是相同的，即盘古的真身都是人。先祖面对变幻莫测的自然和严酷的环境，自己也知道若是以平常力量抗争，无异于以卵击石。因此，先祖需要尽可能把"人"的力量放到最大，这就得借助"神力"。于是，先祖想象出了"人神合一"的形象——盘古。

这样的想象看上去荒诞不经，但仔细研究，不难发现其中解释了许多当时人们的疑问：天地如何分开、上下如何界限、昼夜如何划分、雷电如何产生、山河草木如何形成……以当时的认知能力和水平，能这样追溯万物的起源，足见先祖想象的大胆、智慧的绝顶。

我们再看"女娲补天"：

> 女娲炼五色石以补苍天，断鳌足以立四极，杀黑龙以济冀州，积芦灰以止淫水。苍天补，四极正，淫水涸，冀州平，狡虫死，颛民生。背方州，抱圆天。（《淮南子·览冥训》）

天地间一片狼藉，女娲出来收拾局面。她"炼五色石以补苍天，断鳌足以立四极，杀黑龙以济冀州，积芦灰以止淫水"。于是，"苍天补，四极正，淫水涸，冀州平，狡虫死，颛民生"。在恶劣的自然环境中，人面蛇身、具有超能力的女娲应运而生。

盘古的"开"与女娲的"补"，反应了先祖在蛮荒时代，改变生存环境的渴望与努力。这其中，不乏对自然的敬畏、对自身清醒的认识——人力有限，必须有神助。

神话传说中，英雄并不都是成功者。比如"精卫填海"，精卫"常衔西山之木石"，填满东海是遥遥无期的；比如"夸父逐日"，"未至，道渴而死"，还没有达成目标，壮志未酬而身先死。悲壮的神话传说，弥漫着浓郁的悲剧色彩。具有非凡意义的是，盘古"垂死化身"，"血液为江河，筋脉为地里，肌肉为田土，发髭为星辰，皮毛为草木"（《广博物志》卷九引《五运历年纪》），夸父"弃其杖，化为邓林"。盘古和夸父，选择成为自然的一部分。

每一个民族的神话传说，都是灾难记录。一部神话传说史，甚至就是一个民族的灾难史。

不同的灾难，对人类文明的意义是不一样的。灾难以非常极端的方式，反映人与自然的关系，反映出不同时期、不同情境中人类的认知水平。虽然他们来不及明白所有的答案，但他们知道，生命虽短，日子还长。支撑他们的，即是骨子里的不屈，有冥冥之中的神助，还有对未来的无尽热望。

每一个民族都有其卓尔独立的精神。

这种精神在民族形成的最初，就确立了一个坚硬的核，如同与生俱来，日月经天，愈久弥坚，并且深刻地深融入民族的血脉。

这样一种真实的民族历史，是子孙的无上荣耀。

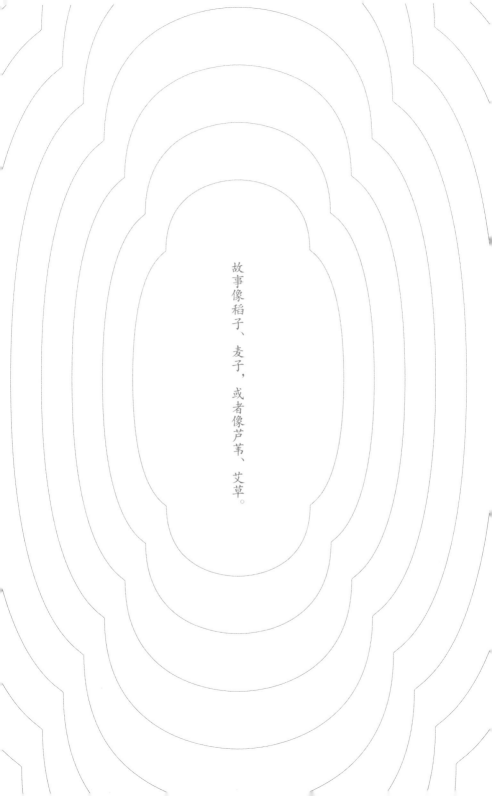

故事像稻子、麦子，或者像芦苇、艾草。

传说在风中飞扬

我很小的时候，就听人讲民间故事"孟姜女哭长城"。我听过很多次，很多人都是故事的讲述者。

"女娲补天""牛郎织女""劈山救母"……故事像稻子、麦子，或者像芦苇、艾草，世世代代在乡村生长，一望无际。它们不仅让岁月有声有色，也是我们文学、历史的最好启蒙。

范喜良和孟姜女是一对夫妻。新婚不久，范喜良就被抓走，去修长城了。天渐渐冷了，大雁南飞，孟姜女的心却去了北方。她带着刚做好的冬衣，千里迢迢，一路北上，去寻找范喜良。到了长城脚下，她才得知丈夫已经累死，于是伤心恸哭。

"轰！"孟姜女把长城哭塌了。

"孟姜女哭长城"，故事可以说很长，但故事的核非常简单。

之所以这样，我以为，首先是流传的需要。在书写困难、交通阻塞的时代，一部作品要最大范围传播，只能靠口口相传。这就需要故事主线单一，内容明了。

其次是再创作的需要。故事在跨地域、跨时代的口头传承中，肯定会融入讲述者的兴趣、地域风貌与时代的特征。故事只给一个"筋骨"，为讲述者不断填充丰富的"皮肉"留下了巨大的空间。

事实也是如此。

简单的"孟姜女哭长城"，在2 000年多年的多朝代、多民族、多地域流传中，演变出许多版本。仅是孟姜女的诞生、家庭等，就有多种说法，甚至"男主角"范喜良，也有多个名字。

我小时候听到的故事中，孟姜女的丈夫不姓"范"，而是姓"万"。朝廷下令，要"一万人"去修长城，但青壮年都被抓完了，官兵就抓了一个姓"万"的，冒充"万人"，糊弄秦始皇。

秦始皇居然就被糊弄了。

每次听到这里，我都忍不住笑。大家也笑。说实话，我们没有仇恨秦始皇，而是觉得，一个至高无上的皇帝，竟被一个字骗了，还有什么比这更让人开心的吗？

"孟姜女哭长城"的版本尽管有很多，但就内容而言，大致可以分为两类。

第一类，孟姜女哭倒长城，故事结束。

第二类，孟姜女哭倒长城后，惊动了秦始皇。秦始皇本来恼羞成怒，但看到她很漂亮，就想霸占她。她先戏弄了秦始皇，再跳海自尽。

我喜欢第二类。长城"哭倒"了，故事没完。乡村的时间很多，绵延的故事，会让时间不再空空荡荡。而且，秦始皇被戏弄了。

不管是哪一类，故事的背景都绕不开秦朝。

我一直以为"孟姜女哭长城"，与秦始皇、长城有关。

上学后，老师告诉我们，长城是"中华民族的脊梁"，秦始皇一统中国，开疆拓土、实行郡县制、车同轨书同文、统一度量衡、修筑灵渠，是"千古一帝"。

我立刻吓了一跳：长城不是被"哭倒"了吗？我立刻又吓了一跳：秦始皇不是总被骗、被戏弄吗？

我想起乡村的故事。我以为，故事可能讲错了，或者，孟姜女是一个坏人。

但是，老师也给我们讲"孟姜女哭长城"，一切都没有变，秦始皇依然被骗、被戏弄。

研究孟姜女故事的起源后，我才知道，这个故事最早与秦始皇、长城没有丝毫关系。

清 费丹旭《仿龚开终南鬼趣图》美国弗利尔美术馆藏

83

孟姜女的故事，并不是萌发于秦代，而是在早于秦代的春秋时期。

《左传》中有一个"杞梁妻"的故事："杞梁妻"在丈夫"杞梁"战死后，悲痛欲绝，在齐国的都城大哭。

《左传》的作者左丘明，比秦始皇早生 240 多年，根本不可能预知秦朝的事情。并且，"杞梁妻"哭的是齐国的都城，并不是长城，都城也没有倒塌。

到了西汉末年。

比秦始皇晚生 180 多年的刘向写《列女传》，重述《左传》中"杞梁妻"的故事，才有了"杞梁妻"大哭，"城为之崩"——城墙塌了。

这里的"城"，依旧是齐国的都城，没有秦始皇，也没有长城。

过了好几百年，直到唐朝。

故事里的"杞梁妻"有了名字，叫"孟仲姿"。传说，孟家和姜家相邻，都喜欢种葫芦。有一个葫芦结在两家之间的篱笆上，葫芦里有一个小姑娘。分不清是孟家还是姜家的，所以她又叫"孟姜女"。

"城"在这个时候突然变成了长城，而"杞梁"也不再是战死，而是修筑长城累死。

"孟姜女哭长城"故事的核，在唐朝基本定型。

一个与长城和秦始皇无关的故事，流传千年之后，硬是安到了长城和秦始皇身上。

唐朝从隋朝来。

隋朝只存在了38年，但它很了不起，上承南北朝、下启唐朝，结束近300年的分裂局面，再一次实现"大一统"。

隋朝的皇帝，有许多影响深远的重大举措。

其中之一，便是修建贯通南北的大运河。

隋炀帝凿通大运河，民间传说是为了方便他乘船下扬州赏琼花、看美女。

一国之君，倾一国之力——只是为了寻欢作乐，这理由站不住脚。

但这从侧面说明了大运河的作用：相较于陆路，水路交通干净、快捷，成本低；一河穿南北，不仅带来物资的大交流，也带来了思想的大碰撞、文化的大交融。

中国历史上有两个伟大的建筑，一个是长城，静态的，横跨东西；一个是大运河，动态的，穿越南北。

如果秦始皇与隋炀帝，一个不连接长城，一个不贯通运河，秦与隋恐怕不至于成为短命的王朝。

但没有了长城与大运河的中国，是绝不可想象的，何况历史来不得"如果"。

隋炀帝、大运河，秦始皇、长城，隋朝因凿通运河到二世而终，秦朝因连贯长城到二世而亡……两朝虽相隔数百年，但不妨互为关照。

孟姜女的故事在唐朝突变，有众多的原因，但我以为与隋炀帝、大运河不无关系。

唐朝取代隋朝，一方面恶谥杨广为"炀"，一方面对照遥远的秦始皇，检讨前朝，以史为镜。

新编孟姜女的故事，借助民间传说，在最大范围内"借古讽今"、暗指隋炀帝，也宣扬了改朝换代的必然性与合法性。

总结前朝的教训，以期千秋万代，是每一个新生王朝的头等大事。

既然是总结，必须深刻，难免言重。

秦朝覆灭，汉代也从多个方面分析其过失，以作为建立制度、巩固统治的借鉴。秦始皇去世后 10 年才出生的贾谊，就写过一篇有名的政论文《过秦论》，直陈秦朝之过失、灭亡之必然。

长城与大运河在中国的发展史上的作用，无论怎么称颂都不过分。但长城相连、运河贯通，毕竟给当时的百姓带来苦痛、给社会带来动荡。

所幸的是，伟大的民族从来不惧怕苦难。先辈承受的苦难越重，留下的辉煌越多。

大学的时候，一个电闪雷鸣的夜晚，我在图书馆读《史记》，《秦始皇本纪》闯入眼帘。

我特别高兴，汉代有贾谊的《过秦论》，也有司马迁的《秦始皇本纪》——是伟大的汉朝对秦始皇的致敬。

我怦然心动，赶紧翻阅历史，高兴地看到"唐承隋制"——唐朝继承沿袭了隋朝的制度，这是伟大的唐朝对隋朝的致敬。

时光飞逝，多少豪杰，多少朝代。

正史是历史，野史是历史，民间传说也是历史的一种——民间传说如同蒲公英种子，我们一方面要欣赏它的风中飞扬，另一方面，又要溯寻它出发的地方。

卿可谓鬼之董狐。

9

鬼怪也有故事

我在小学临近毕业前，无意中读到"干将莫邪"的故事。没读明白。文章不长，疑惑不少。剑怎么会有"雌雄"？"亡去"就是死了吧，怎么"入山，行歌"？尤其不明白，"即自刎"，还能"两手捧头及剑奉之"，等等。

再次读"干将莫邪"，是在高中。

一天，我读到鲁迅先生的《故事新编·铸剑》，觉得似曾相识，很快想到"干将莫邪"。重读，文字上已经没有障碍，疑惑也不解自明。但当我读到"儿闻之，亡去，入山，行歌"，眼睛一下子湿润了。

赤日夜想着要找楚王报杀父之仇，但楚王梦见了他——"眉间广尺"，不仅高度戒备，而且千金悬赏捉拿。要命的长相，不仅断送他报仇的前程，连正常的生活也没有了，不得不逃进山里。我已经知道"亡"是逃亡，不是死——干脆死了也就算了。深山空无一人，赤悲从中来，长歌当哭。一哭，复仇有了转机。

客有逢者。谓："子年少，何哭之甚悲耶？"曰："吾干将莫邪子也。楚王杀吾父，吾欲报之。"客曰："闻王购

子头千金,将子头与剑来,为子报之。"儿曰:"幸甚。"(《搜
神记》)

小小年纪,怎么会哭得这么伤心啊?

我是干将、莫邪的儿子,楚王杀了我的父亲,我要报仇!

听说楚王出千金买你的人头,你把头和剑给我,我帮你杀
了他。

太好啦!

话音刚落,赤拔剑自刎,头应声落地。他双手捧着头和剑,
"立僵"。侠客知道他在等什么,说:"不负子也。"赤立刻像尸
体一样倒下了。

文字非常简练,像溪水冲刷过的卵石。赤以命相托,客一
诺千金,惊心动魄。明明知道是演绎,却强烈地感觉到,字里
行间泣血的真实。

几乎在同时,老师讲了一个鬼故事。

一个少年,连夜赶路去宛市,很不巧,与鬼同行。他不慌
不忙,谎称也是鬼。鬼不仅相信了,还把怕人吐唾沫的致命弱

点告诉了他。他把鬼背到宛市，鬼吓得变成一只羊。他吐唾沫制服了鬼，还卖到1500文钱。

居然有这种事！很快，我查到了《宋定伯卖鬼》：

> 行欲至宛市，定伯便担鬼，著肩上，急执之。鬼大呼，声咋咋然，索下，不复听之。径至宛市中下著地，化为一羊，便卖之，恐其变化，唾之，得钱千五百，乃去。（《搜神记》）

"干将莫邪""宋定伯卖鬼"，出自《搜神记》。上了大学，我找到这部志怪小说集，继而读到"董永卖身""李寄斩蛇"等一系列故事。篇幅不长，但想象奇特，情节曲折，形象生动。故事的主角有鬼，也有妖怪和神仙，很好看，而且看了不害怕，不像听了、看了有些鬼故事，晚上睡觉不敢关灯。

我想当然地以为，《搜神记》的作者干宝，是一位出色的小说家。大学毕业后，我开设小说讲座，梳理中国小说发展史，才知道，作为小说鼻祖的干宝，首先是一位伟大的史学家。

黄油紙緻口遮遮中酒鍾旭纱帽斜
醉眼也随蜂蝶云云西園裏鬧莾花
新雁儿人筆笔写于緑筠小閣

清 华嵒《午日钟馗图》台北故宫博物院藏

95

　　干宝（？—336 年），字令升，河南新蔡人。"宝少勤学，博览书记，以才器召为著作郎。"（《晋书·干宝传》）建武元年（317 年），王导启奏晋武帝司马睿，国家应该设置史官，请佐著作郎干宝等担当此任。司马睿采纳王导的建议，命干宝领修国史。宣和元年（323 年），王导又推荐干宝任司徒右长史，升任散骑常侍，编著《晋纪》。

　　王导是东晋政权的奠基人之一，三朝重臣，官至中书监（相当于宰相）；他还是著名书法家，是王羲之的堂伯。如果没有大的真才实学，王导不会看中干宝，更不会屡屡推荐。

　　干宝不负厚望，著《晋纪》，记载从晋宣帝（司马懿）至晋愍帝（司马邺）前后数几十年历史，共 20 卷。进献朝廷，一片叫好："其书简略，直而能婉，咸称良史。"（《晋书·干宝传》）

　　干宝完成《搜神记》后，请刘惔提意见。刘惔夸赞说："卿可谓鬼之董狐。"（《晋书·干宝传》）意思是，你真是记载鬼神的好史官。

　　刘惔是东晋著名清谈家，被视为名士风流之宗，也曾得到过王导的赏识。董狐是春秋时期晋国著名史官，不畏强暴、秉笔直书，开史学直笔传统先河。孔子赞扬他"古之良史也，书法不隐"（《左传·宣公二年》）。成语"董狐直笔"的典故就出于他。能被刘惔比作董狐，足见干宝的才学、《搜神记》的成就。

历史重真实，小说偏虚构。一个史学家，当然可以是小说家。但像干宝这样完美结合的，并不多见。他是怎么做到的？

据《晋书·干宝传》记载，干宝父亲的婢女曾经死而再生、哥哥曾经气绝复苏。这两件事，让他深信鬼神的存在。他酷爱阴阳五行占卜，特别注意研究西汉"灾异"学者京房、"大夏侯学"开创者夏侯胜等人的传记。于是，他借着修史之便，"博采异同，混虚实""集古今神祇灵异人物变化"，然后著书立说，"亦足以明神道之不诬也"，说的是鬼神的存在不是虚妄的。

干宝作为良史，真实为根本，却信鬼神，而且列传，不可思议。同时期，他这样的人很多。比如伟大的医学家、化学家兼著名炼丹师葛洪，在专著《肘后方》之外，也著《神仙传》。

人事荒唐，根源在时代荒诞。战乱不断，政权倾轧，民不聊生，生死无常。于是能升天的道教、能轮回的佛教，风行于世，鬼怪因此横行。这就如同饥馑之年，到处都有吃人的传说。

大家信以为真，宁信其真，也希望是真——如此，精神总还有一个寄托，今生也还有一个过往。

所以，鲁迅先生在《中国小说史略·六朝之鬼神志怪书》（上）中说：

盖当时以为幽明虽殊途，而人鬼乃皆实有，故其叙述异事，与记载人间常事，自视固无诚妄之别矣。

鲁迅先生的意思是说，当时的人就是这么以为，阴阳两道，人鬼并存，所以说鬼事，与记人事没有什么区别。

把鬼怪传奇当史实，把鬼怪当作有故事的人，成为一种风尚，晋朝尤甚，干宝是突出代表。他在《搜神记》序言中自谦，只不过"成其微说而已"。

"微说"，不就是"小说"？

鸾凤伏窜兮，鸱枭翱翔。

生与死之间

因为一个人的死亡，诞生了一个国家极为重要的节日、民俗，并且深远地影响着世界，在人类历史上，除了屈原，没有第二个人。

屈原并不想自杀。"帝高阳之苗裔兮，朕皇考曰伯庸。"（屈原《离骚》）这位生于公元前340年的贵族后代，从小饱读诗书，博闻强识、志向远大。青壮年时期，显出卓越的军事、政治、领袖才华。后来为官，谈吐有节、处事有方，多次充当楚国外交使节，合纵抗秦。屈原是诗人，其实官也当得很大——左徒，相当于副宰相。

入则与王图议国事，以出号令；出则接遇宾客，应对诸侯。（《史记·屈原贾生列传》）

屈原计划大显身手。但这是一个颠倒的时代，"鸾凤伏窜兮，鸱枭翱翔"（西汉·贾谊《吊屈原赋》）。美丽的凤凰隐藏起来了，因为丑陋的猫头鹰在飞翔。屈原想做凤凰，而且已经是凤凰了，于是，他被流放了。

我们知道屈原被流放，却不是所有人都知道，他被流放了两次。

公元前304年，正直而且正确的屈原，被降为三闾大夫；第二年，被流放汉北（汉江以上，今湖北境内）。这次流放，虽然时间不长，汉北一带也还富庶，但在事业轰轰烈烈的时候，陡然从高位经历断崖式的贬职、流放，非一般人所能承受。屈原承受了，而且写下了《离骚》。

公元前294年，屈原第二次流放。此时，楚国已经岌岌可危：楚怀王客死秦国；秦国攻打韩国，斩首24万，顺手给楚顷襄王下战书。楚顷襄王内外交困，正在用人之际。屈原是可用之人，而且事实证明屈原对秦的策略是对的，但猫头鹰还在飞，凤凰一般的屈原再次被流放。

这一次，屈原被流放到汉江以南，那是荒芜偏僻的地区。他从郢都（今湖北江陵县）出发，顺江而下，过夏首（今湖北沙市东南），由洞庭湖入长江，然后离开夏浦（今湖北汉口），到陵阳（今安徽青阳县），时间长达16年。他本来还要流放下去，但纵身一跃，流放不得不戛然而止。

屈原真的不想自杀。他如果要死，早就死了。但他没死。不要以为他是为写《离骚》《九章》不死，他是因为没死才写了《离骚》《九章》。他有一万个死的理由，活的理由只有一个：报效国家。

屈原还是死了。公元前 278 年，他在汨罗江边且行且歌，披头散发，面色憔悴，形容枯槁。这时候，郢都被破、楚顷襄王逃难的消息传来。他经过慎重考虑，觉得自己可以死了：国都被破，楚顷襄王逃难，他怎么可能再被起用，又到哪里去报国？于是，他抱着石头，纵身一跃。

屈原对死的慎重，还体现在方式的选择上。只要想死，方法很多，他选择了投河。《史记》中说，他跳江之前，和渔夫有一段对话：

人又谁能以身之察察，受物之汶汶者乎？宁赴常流而葬乎江鱼腹中耳，又安能以皓皓之白而蒙世之温蠖乎！

（《史记·屈原贾生列传》）

意思是说，不能让清白的身躯，蒙受外物的污染；宁可投入大江、葬身鱼腹，也不能让自己高洁的品质，蒙受世俗的尘垢。和渔夫交流，未必真有其事，司马迁却是借此，让屈原坦露了心迹。

这一天，农历五月初五。

这一年，屈原 63 岁。

我曾经写过一首诗，题目叫《读屈原》：

不是跳江之后

屈原才成为屈原的

跳江之前

屈原喜欢提问题

无人能回答

所以问天

老天也不能回答

就把问题写成诗

屈原整天都很忙

上下求索

那条路很长

心里很苦

经常叹息、流泪

但不是为自己

屈原很爱干净

但还是嫌脏

纵身一跳

过不下去的日子

是在泪罗江里过的

历史吓了一跳

到今天心都不安

我写到这里，想到了另外两个人：孔子和司马迁。

孔子生于公元前 551 年，大约比屈原年长约 210 岁。他是贵族后代，年少有为，做官有方，官至代理宰相。他在事业的最高峰待了三四个月，就被谗言所伤、小人所害，一落千丈。

这是公元前 497 年，孔子 55 岁。

也就是从这一年开始，高大而苍老的孔子，带着弟子上路了，一走就是 14 年。公元前 484 年，周游列国结束。

这一年，孔子 68 岁。

5 年之后，公元前 479 年，孔子因病去世。这一年，他 73 岁。

孔子也有一万个死的理由。且不说仕途顿挫，且不说以 55 岁高龄开始颠沛流离，单就周游途中，多次被冷落、戏弄、

● 明 吴伟《问津图》故宫博物院藏

驱逐，甚至被围困、追杀，"累累若丧家之狗"（《史记·孔子世家》），随时可以了断此生。但他不肯死。他 68 岁的时候，结束游说，又经历丧亲子之痛、丧弟子之悲，他仍然不肯死。直到"述而不作"，《论语》既成，他好像很及时地得了一场大病，撒手人寰。

孔子的使命已经完成，不再需要余生。

支撑孔子不死的，只有一个理由：施展政治抱负。

司马迁约生于公元前 145 年，大约比屈原晚生 195 年。他"年十岁则诵古文，二十而南游江、淮"（《史记·太史公自序》）。公元前 108 年，他子承父业，做太史令。公元前 99 年，他秉直为投降匈奴的李陵说了几句公道话，汉武帝震怒，以"欲沮贰师，为陵游说"（《资治通鉴·汉纪》）定为诬罔罪，按律当斩。

司马迁可以一死。慷慨赴死，保住名节，万世流芳——作为史官，他清楚；君要臣死，臣不得不死——作为忠臣，他也清楚。他有一万个死的理由。但是，他不肯死。

假令仆伏法受诛，若九牛亡一毛，与蝼蚁何异？（《汉

书·司马迁传》）

假如就这样死了，就像九头牛少掉一根毛，和蝼蚁一样没有价值。因此，司马迁宁愿接受宫刑，也要苟且偷生，虽然生不如死。

支撑司马迁不死的，只有一个理由：完成《史记》。

8 年后，公元前 91 年，失去性别的司马迁，完成 130 篇的《史记》。

这一年，司马迁大约 54 岁。

是生还是死，在中国传统文化中，是一个天大的问题。"人固有一死，或重于泰山，或轻于鸿毛"（《汉书·司马迁传》），其实人也"固有一生"。司马迁写成《史记》后，死于哪一年，无人知晓。但这已经不重要了。

很多人，虽死犹生，无论生死。

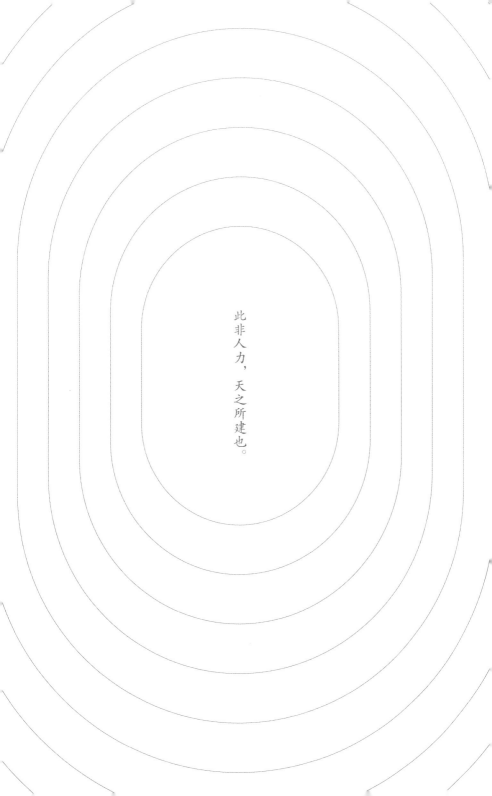

此非人力，天之所建也。

悲歌向天

历史上，写诗词的英雄不少，写诗歌的皇帝也不少，但一生只有一首诗歌，一首诗歌就能传遍天下、感动世代的英雄和皇帝，估计只有项羽（公元前 232—前 202 年）和刘邦（公元前 256—前 195 年）。

力拔山兮气盖世，时不利兮骓不逝。骓不逝兮可奈何，虞兮虞兮奈若何！（《史记·项羽本纪》）

公元前 202 年最寒冷的季节，项羽用 31 岁充血的喉咙，唱起充满血性的《垓下歌》。一个巨大雄浑的英雄，身中十余箭，血流如注，但屹立不倒。在他绵长而不屈的身影里，尸横遍野，追兵如麻。"奈若何"啊，扫过死寂与呐喊的原野，踉跄而去，成为永生的绝唱。另一首歌慷慨而起，嘶哑如铁。每一个字都在天地之间，践踏出沉重的回声：

大风起兮云飞扬，威加海内兮归故乡，安得猛士兮守四方！（《史记·高祖本纪》）

114

这是刘邦在公元前196年的初冬,用61年未改的浓重乡音,唱刀光剑影里的《大风歌》。

项羽!刘邦!这两个伟大的英雄,在2 200多年前血沃大地,纵横驰骋,金戈铁马。他们从并肩作战,到分道扬镳,直至必须你死我活,历史之履才能踏步向前。

项羽作为英雄,似乎是天生的。"项籍少时,学书不成,去学剑,又不成。项梁怒之。籍曰:'书足以记名姓而已。剑一人敌,不足学,学万人敌。'于是项梁乃教籍兵法,籍大喜,略知其意,又不肯竟学。"(《史记·项羽本纪》)项羽学写字、剑术,一事无成,搞得叔叔项梁非常恼火。项羽认为,写字能记名字就够了,剑术只能单打独斗不值得学,要学就学能匹敌万人的本事。项梁于是教他学兵法,他非常高兴,可刚懂了一点儿皮毛,又不干了。但他不学剑术,杀进敌阵如入无人之境;不学兵法,但"身七十余战","未尝败北"(《史记·项羽本纪》)。

项羽作为悲剧英雄,似乎也是天生的。他率部对抗秦军,力量最强,却被楚怀王猜忌制衡;领兵数万,在河北巨鹿与40万秦国精锐之师死磕,却被刘邦乘虚先破咸阳;分地封王,

怀念旧恩，却搞得众叛亲离；楚汉相争，处于上风，却被刘邦偷袭。

一个楚国名将的孙子，一个从小失去父亲、跟着叔父打拼的侄子，永远尚武逞强，却总是在足够强大时，耳朵根子软，心更软。他鸿门宴放走刘邦，又竟然相信鸿沟为界的一纸契约，转身就被刘邦偷袭。从此节节败退，回天无力。

项王军壁垓下，兵少食尽，汉军及诸侯兵围之数重。夜闻汉军四面皆楚歌，项王乃大惊曰："汉皆已得楚乎？是何楚人之多也！"（《史记·项羽本纪》）

汉军高唱楚歌，楚军士气低落，就连项羽也恍惚、惊恐：难道汉军把楚人都征服了？一个盖世英雄，麾下曾经千军万马，

只剩一匹宝马和一段挚爱。无奈、忧愤、挣扎、慷慨、绝望……百感交集，瞬时喷涌："力拔山兮气盖世，时不利兮骓不逝。骓不逝兮可奈何，虞兮虞兮奈若何！"虞姬起而舞剑，边舞边歌："汉兵已略地，四方楚歌声。大王意气尽，贱妾何聊生。"（《史记·项羽本纪》）歌罢自刎，让情长的英雄，了无牵挂。

英雄末路，但还有一条绝路。项羽退至乌江。白水浩渺，寒波凛冽，一舟如苇。渡吧，渡即江东，绝处逢生。霸王当然不渡。项氏家族宁折不弯，以死谢幕已成基因。祖父项燕战败自刎，叔父项梁战死。轮到项羽了。事与愿违，上天一定另有安排。他心无羁绊，一剑封喉。

"至今思项羽，不肯过江东。"整天婉约的李清照，在颠沛流离的凄风苦雨中，以罕见的豪放，缅怀相隔1300多年的项羽。

从公元前207年11月14日，刘邦攻占咸阳，秦朝灭亡，到公元前 202 年 12 月，项羽自刎乌江，其间天下无帝，也无政权，有的是楚汉相争。"西楚霸王"项羽争的是谁当老大，"汉王"刘邦争的是谁坐江山。项羽一死，刘邦一天都没耽误，于 2 月 28 日在山东定陶汜水（今山东曹县北）登基，定国号为汉，定都长安（今陕西西安）。

强弱转换，尘埃落定。

此非人力，天之所建也。（《资治通鉴·汉纪》）

项羽见过秦始皇，"彼可取而代也"。他虽然有贵族血统，但从小混迹于草莽，看到的是嬴政。

刘邦见过秦始皇，说"大丈夫当如此也"！他做过秦朝的亭长（相当于现在的派出所所长），虽然职位不高，却进入了一个庞大、正规的系统，看到的是皇帝。

嬴政微不足道，皇帝非同小可。

刘邦开始架构汉朝体系。一个朝代的建立，并不只是顶端的皇冠璀璨，关键在于架构合理、基础深厚、结构坚固。他建立制度，没费多少波折，但安排人事，麻烦不断。有功之臣，胃口如壑，以至于他很长时间封不下去。除了周勃等个别嫡系死心塌地，大多数人跟随他，只为个人企图。一旦欲壑难填，还会改换门庭、结党营私；一旦羽翼丰满，就会拥兵自重，觊觎朝廷。事实如此。韩信要挟，彭越抗旨，英布叛乱——开国最重要的三员大将，明流暗涌。就连"发小"樊哙，都似有二心。

刘邦在位 8 年，只得把安排人事当作安排人"后事"，各个击破，以绝后患。

公元前 196 年 10 月。淮河以北的沛县，已经进入冬天。虽然张灯结彩、鼓乐齐奏、山呼万岁，但天地之间的肃杀无法改变。

对刘邦和大汉来说，这是一个不同寻常的年份。这一年，韩信被杀、彭越被杀，灭三族。这一年，英布造反。刘邦亲征，英布被杀。回长安途中，刘邦——中国历史上第一位平民皇帝，绕道还乡。

高祖还归，过沛，留。置酒沛宫，悉召故人父老子弟

119

纵酒。(《史记·高祖本纪》)

　　一连几天，刘邦大宴父老乡亲。他总是高兴不起来。这算衣锦还乡吗？征战一生，砍敌无数，最终诛杀的是旧部功臣。叱咤风云、一呼百应，现在英雄迟暮、形单影只。被叛军毒箭射中的伤，孤家寡人的痛，高处不胜寒的寂寞，不可抑制的衰老以及对死亡逼近的预感，让他撕心裂肺、心如死灰。但他不是刘邦、是高祖，他不是亭长、是皇帝。他强打精神，让虚弱的身体在金碧辉煌的龙袍里昂扬如山。他借着酒兴，击筑而歌，以歌当哭：

大风起兮云飞扬，威加海内兮归故乡，安得猛士兮守四方！(《史记·高祖本纪》)

　　"大风起兮云飞扬"，忆过去，连年征战、天翻地覆；"威加海内兮归故乡"，夸现在，威震四海、天下归心；"安得猛士兮守四方"，忧将来，江山万代、谁来镇守？过去不再，现在将逝，心心念念的大汉将来啊！

半年后——公元前 195 年 6 月 1 日，汉高祖刘邦箭伤不治，崩于西安长乐宫。

大汉由此开始，绵延 400 年。

楚汉相争，以项羽失败而告终。有人替项羽不服，说江山本来是项羽的。话可以说，但毫无意义。你死我活，历史已经做了选择。倒是悲个人的《垓下歌》和悲江山的《大风歌》，异曲同工，可以彼此共存，结伴永远，悲天悯人。

何以解忧，唯有杜康。

以时间为证

东临碣石，以观沧海。

水何澹澹，山岛竦峙。

树木丛生，百草丰茂。

秋风萧瑟，洪波涌起。

日月之行，若出其中；

星汉灿烂，若出其里。

幸甚至哉，歌以咏志。

　　这是曹操写的《观沧海》，气魄宏大，画面壮美，情感沉着，氛围苍劲。读者仿佛身临其境，随作者登高望远。正是深秋时节，长风浩荡，海潮吞吐，日月经天。

　　我喜欢这首诗，甚至因为喜欢这首诗，从而开始喜欢曹操。

　　在一次文学活动上，大家说到曹操。

　　有人说，《观沧海》表达了青年曹操胸怀天下的壮志。其理由是，青年人的豪情，跃然纸上，触手可及。由此，他又引出曹操的另一首诗《龟虽寿》："神龟虽寿，犹有竟时。腾蛇乘雾，终为土灰。老骥伏枥，志在千里。烈士暮年，壮心不已。"

以这首诗作为对照，说这是老年曹操，老当益壮、积极进取。理由很简单，"老骥伏枥""烈士暮年"，自曝年龄。

其实，那位朋友说的写作时间，《观沧海》是错误的；《龟虽寿》大体是对的，但不准确。

曹操生于公元155年。《观沧海》写于公元207年农历九月。这一年，他53岁。"人生七十古来稀"，53岁在汉代已经属于高龄。年轻的心他应该有，但年轻谈不上。

这里必须说一下写作背景。曹操终于初定中原，想立刻挥师北上，远征乌桓，将整个北方安定之后，再集中精力对付江南。但满朝文武，除郭嘉之外，全部竭力反对。连年征战，兵疲马乏；路途遥远，舟车劳顿；许都空虚，刘备叵测……全是困难。

但曹操的心思，只有郭嘉一人懂得。此行必定艰难，正因为如此，乌桓才会松懈麻痹，才会有可乘之机；正因为艰难，一旦获胜，就是大胜，就会关乎全局。而刘备谨慎，近乎怯懦，断然不敢轻举妄动。

战争，有时候就是赌一把。

建安十二年（207年）农历五月，曹操亲率20万大军北征。

● 清 王原祁《仿黄子久山水》辽宁省博物馆藏

128

几次绝境，几次绝处逢生，终于捕获胜机，大败乌桓，从此解决后顾之忧。这是曹操一生中最重要的征战，也是他一生中取得的最辉煌的胜利。只是因为《三国演义》对此战，没有像官渡之战、赤壁之战那样浓彩重墨，被我们忽略了。

曹操得胜，班师回朝，路过碣石。他想起秦始皇和汉武帝曾在此处登临，策马跃上。其时，霜天寥廓，沧海横流，日落月升，星河璀璨。曹操触景生情，诗兴大发，提笔写下这首豪迈的《观沧海》。

《龟虽寿》确实是曹操老年之作。但是，仅仅从"老骥伏枥""烈士暮年"来推断，不够，也不科学。即使猜对，也是误打误中。退一步，说这首诗是曹操在青年或者中年，想到年华易逝、看到老者拄杖而行，生发情感，也未尝不可。

确切地说，《龟虽寿》也是曹操53岁时所写，与《观沧海》同时。

53岁，很多与曹操差不多年纪的英雄，不是烟消云散，就是老态龙钟，而曹操竟还能带兵亲征，还能铤而走险，还能大胜而归，喜不自禁。想到北方已定，即将剑指南方，一统天下指日可待，他心潮逐浪，诗兴未消。

《观沧海》与《龟虽寿》，都出自曹操的《步出夏门行》。他用乐府旧题创作组诗，记载凯旋途中的心情、见闻与感悟。《步出夏门行》有五个部分，开头是序曲《艳》，正文有四章，《观沧海》与《龟虽寿》分列第一章和第四章。另外两章是第二的《冬十月》和第三的《土不同》。四章排列，按内容涉及的时间为序，《观沧海》从内容上看是深秋，《冬十月》与《土不同》是隆冬，《龟虽寿》看不出具体时间，可早可迟，但早不过《观沧海》，最迟不过年底。"老年"是一个大的时间跨度，而《步出夏门行》把时间精确在曹操的 53 岁。

由此，我想到了曹操的《短歌行》。

在很长的一段时间，曹操成了酒的代言，因为他在《短歌行》中说，"何以解忧，唯有杜康"。很多人由此推断曹操好酒：

对酒当歌，人生几何。譬如朝露，去日苦多。慨当以慷，忧思难忘。何以解忧，唯有杜康。

古人喜饮、善饮，曹操概莫能外。但曹操"此时"的喝酒，只是一个手段，不是目的，目的是解忧。

曹操逐鹿中原、踏马乌桓，已在"一人之下、万人之上"，忧从何来？

《短歌行》写作时间，没有历史记载。《三国演义》上说，作于《步出夏门行》次年，即公元208年。这一年，曹操54岁。他马不停蹄，又率号称80万大军南下，志在必得。

大战在即，曹操特别想两个人。一个是文韬郭嘉，心心相印；一个是武略关羽，念念不忘。可惜，郭嘉年前病死在北征乌桓途中，关羽在对方阵中。二人如果都在自己帐下，那该有多好。他曾经大力强调"唯才是举"，先后颁发"求贤令""举士令"，招募天下英才。此战之后，天下统一，汉室待兴，贤能之人如果都为朝廷所用，报效国家，那是何等的幸事、盛事。

曹操喝到酒酣处，拖着自己的兵器——槊，来到庭院外。月明星稀，江风猎猎。他一边舞槊，一边吟诵："青青子衿，悠悠我心。但为君故，沉吟至今。"曹操像《诗经》中的姑娘思念恋人那样，思念郭嘉、关羽，渴求人才，最后直抒胸臆：

山不厌高，海不厌深。周公吐哺，天下归心。

我以为，《三国演义》推断曹操的《短歌行》作于此时，至少是有道理的。

诗歌浪漫、跳跃、空灵、简约，但作者的浪漫基于现实，跳跃起于坚实，空灵生于扎实，简约出于厚实，需要我们去一一落实、夯实。

曹操是伟大的政治家、思想家、军事家，卓越的文学家。读他的诗歌，包括散文，甚至书法，既要把握他渊深的修养、不凡的经历、恢宏的格局，也要将其放置于大动荡、大纷争、大变革、大离合、大悲欢这样辽阔的时代背景中。

对曹操如此，对其他人也是如此。

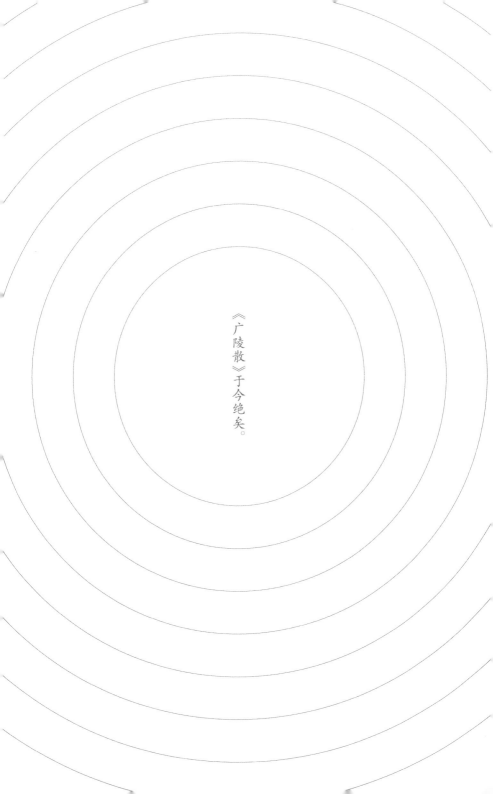

《广陵散》于今绝矣。

13

晦暗背景上的星火

有人说希望生活在晋代，向往"竹林七贤"的生活，喝酒、写诗、作文、弄墨、抚琴，高谈阔论、无拘无束。

"竹林七贤"的"七贤"，是指生活在魏晋时期的阮籍、嵇康、山涛、刘伶、阮咸、向秀、王戎等七位名士，但"竹林七贤"基本上与晋无关，因为整体活动主要在魏。而代表人物阮籍公元 263 年去世，精神领袖嵇康公元 262 年（一说 263 年）去世。三四年之后，公元 265 年，司马炎才篡魏，建国号为晋，定都洛阳。

当然，"竹林七贤"在魏失去阮籍、嵇康二贤，五贤在晋，不是不可以继续活动。但既然是"竹林七贤"，其活动场地应该主要在"竹林"。"竹林"是实指，当时的山阳县（今河南辉县）一带，那里竹林蓊郁，也是指代民间，而且他们的初衷是不做官。实际情况是，以阮籍、嵇康离世为界，"竹林七贤"的发起人山涛以及王戎，在此之前已经重返仕途，向秀也在此后不久为官。五贤随三国归晋，"竹林"魂魄已散。

近 2 000 年过去，无论魏晋，都一去不返。对我们而言，"竹林七贤"到底是在魏，还是在晋，或许并不重要。我想说的是，

"竹林七贤"的生活，真的那样随心所欲？他们所生活的年代，真的令人心驰神往？

大汉的丧钟敲响，三国鼎立。不是因为曹（曹魏）、刘（蜀汉）、孙（东吴）势均力敌，而是三方都成疲惫之师，无力再战。此时山河破碎，民不聊生，遍地哀鸿。曹魏的基础毕竟雄厚一些，虽然内乱不断、血雨腥风，却在对蜀汉、东吴的连年征战中，屡屡得手。这其中，司马集团功不可没，但也跟着把自己壮大了，以至有了取代曹魏的野心和实力。

阮籍、嵇康、山涛、刘伶、阮咸、向秀、王戎，就生活在这兵荒马乱的时期。

阮籍、嵇康、山涛、刘伶、阮咸、向秀、王戎，在当时名望很高、影响很大。

首先，他们都有深厚的家庭背景。阮咸的叔父是同为"竹林七贤"之一的阮籍，他的祖父、阮籍的父亲是"建安七子"之一阮瑀。嵇康幼年清贫，但娶了曹操的曾孙女为妻。山涛的家境差一些，父亲也做过县令。

其次，聚集"竹林"之前，山涛、阮籍、刘伶等，都有为官的经历。即使是"竹林七贤"中唯一被害的嵇康，也曾官拜郎中、调中散大夫，属于朝廷高级官员。

另外，他们都是玄学的代表人物，才华卓越。

"七贤"隐入"竹林"，不出来做事，是当权者的损失。任何一方势力，哪怕得到他们中的一个人加盟，都会如虎添翼。因此，"竹林七贤"是各方政治力量争取的对象。

曹魏正统，一家独大，"竹林七贤"不用选择。他们其实不反对做官，相反，有的还表示出了很强的功名心。当曹魏与司马集团势均力敌，他们在选择政治站位的时候，态度一致，不与司马集团合作。之后，曹魏衰微、司马集团兴旺。他们选择曹魏已不可能，选择司马集团又不甘心，但必须选择，于是跟着山涛，一起跑到"竹林"里去了。

可见，"竹林"是"七贤"的逃避之地，很像是避难所。

在南京市西善桥的一座东晋墓中，发现一幅《竹林七贤图》的砖刻壁画。嵇康抚琴，阮咸弹阮（"阮"是阮咸发明的一种乐器，类似琵琶，故以他的名字命名"阮咸"，简称"阮"），刘伶举杯，阮籍、山涛、王戎酒杯置地，向秀醉然而坐。上海

● 元 钱选《宋七贤图卷》台北故宫博物院藏

博物馆收藏了一幅唐代画家孙位的《竹林七贤图》。画面残缺，仅剩四人。山涛上身赤裸、抱膝坐地，王戎手持如意、赤足而坐，刘伶握杯、似要呕吐，阮籍执扇、面露讥笑。这些图画，惟妙惟肖，他们看上去很快活。

其实不然。

"竹林七贤"，没有一个不嗜酒如命。

晋文帝司马昭，想让阮籍的女儿做儿媳妇。阮籍不想答应，又不敢回绝，连醉 60 多天。司马昭找不到机会开口，只好作罢。

刘伶少言寡语，天天纵酒狂饮。他常带着酒，让人拿着铁锹跟在后面："我如果醉死了，就地把我埋掉。"

阮咸经常聚众用大盆喝酒。有一天，他和众人围坐，忽然一群猪跑过来。他不在乎，与猪同盆。

他们哪里不能喝酒，要跑进"竹林"才能痛饮，而且每喝必醉、疯癫狂痴？

宋代词人叶梦得一语说破："嵇、阮、刘伶之徒……以为保身之计……饮者未必剧饮，醉者未必真醉也！"

这话的意思是，他们喝酒为了保命，未必真的大喝，未必真的大醉。

这里要说一下嵇康。

嵇康是曹魏时期著名的思想家、文学家、音乐家，也是"竹林七贤"中不与司马集团合作态度最坚决的人。他辞官为民，"采薇山阿，散发岩岫。永啸长吟，颐性养寿"（《幽愤诗》），并著有《养生论》，成了养生专家。山涛向大将军司马昭推荐他接替自己，担任尚书吏部郎。他竟与心心相印的挚友山涛断绝关系，写《与山巨源绝交书》，列出自己有"七不堪""二不可"，不肯为官。司马昭"闻而怒焉"，后来在钟会的挑拨下，终于找了一个杀他的理由。《世说新语》说，嵇康"临刑东市，神气不变。索琴弹之"。他抚《广陵散》，仰天大笑：

《广陵散》于今绝矣！

然后目送归鸿，慷慨就义。

"竹林七贤"都是满腹经纶、胸有大志的人，他们遁入"竹林"，因为世道凶险，朝廷昏暗。他们无拘无束，是以散淡猖狂作为掩饰。而所谓高谈阔论，哪里敢直抒胸臆，只能指桑骂槐。

一个著名文学现象的产生，甚至一个著名文化人的出现，其背后都有时代风云和历史渊源。乱世出英雄。我们为英雄鼓与呼，但也要看到乱世的不堪。"竹林七贤"的精神与成就，如同晦暗背景上的七星，我们当然要景仰，但重回那时，或者要昔日重来，万万不可，也绝无可能。

何况，没有真本事，哪里也回不去，哪里也去不了。"竹林"里进进出出那么多人，为什么只留得几人名？

少无适俗韵，性本爱丘山。

得时无怠

老家街东有一大块地，高高低低，杂树乱草，又三面临河，人迹罕至，种植意义不大。有一天，老家给我电话，说那块地规划通过、设计完成、资金到位，择时开工，要做成"农耕博物馆"。

我看了农耕博物馆的三维图。平处村舍，缓处庄稼，高处树木。引水入园，水中小船自横，船上几只鱼鹰，好像随时要钻进水里，叨出一条条鱼来。水上架桥，桥上一头乌黑水牛，角峥嵘、眼炯炯、头朝天，好像就要喊出一声舒畅的"哞——"。一排村舍，桌凳、炉灶、床柜、农具、纺车、蓑笠。

老家在电话里说，博物馆大门的里外门楣上，要起名字。大家想了"桃花坞""桃红柳绿""稻香村""菜根香"等，觉得都是好名字，让我帮定两个。

我的脑海里，突然跳出的，却是"归园田居"。

"归园田居"是东晋陶渊明的组诗。

陶渊明（352 或 365—427 年），我国第一位田园诗人，被称为"古今隐逸诗人之宗"（南朝·钟嵘《诗品·宋徵士陶潜》），字元亮，又名潜，浔阳柴桑（今江西九江）人。因家宅旁边种了五棵柳树，又称"五柳先生"。

陶渊明"少无适俗韵，性本爱丘山"（《归园田居》其一），意思是年轻的时候就不想适应世俗，天生喜欢自然风光。他后来任江州祭酒、建威参军、镇军参军，发现是"误落尘网中，一去三十年"（《归园田居》其一）。公元405年，他在江西彭泽做县令，不过80多天，不想与奸佞同流合污，挂印而去，辞职不干了。

陶渊明归隐田园，如同"羁鸟恋旧林，池鱼思故渊"（《归园田居》其一），好不快活。其间所作《归园田居》，一组五首，恰如其分地表现了他的生活和情感。我们最为熟悉的是"其三"：

种豆南山下，草盛豆苗稀。

晨兴理荒秽，带月荷锄归。

道狭草木长，夕露沾我衣。

衣沾不足惜，但使愿无违。

陶渊明在南山下种豆子，每天起大早下地铲除杂草，很晚才披着月光回家。他很辛苦，也尽力，但估计分不清豆苗与杂草，搞得地里野草疯长、豆苗稀疏。"作"到最后，收成肯定一塌糊

池塘快雨晴爽籁拂
書，洒後片刻開花
事聊收拾雪英帶露
滚烟卻翻地濕蒙芳
螺葩綻蒂福修遠集
振季分院讓藍圖屆
事及修鼓不辩名一
律曲香裏生意院可
欹湯費遠以給先秋
種秋花秋色優尋入
同思荔学方凡事聯
則立
右耕秋花文作命以
詩麦為圖時乾隆雨
寅和秋偶筆

清 余省《種秋花圖》故宮博物院藏

148

涂，但他的心情很好。

心情好，一切就都好。分不清豆苗和杂草，要什么紧呢？浑身沾满泥土、被露水打湿，要什么紧呢？能过自己想过的生活就行。

陶渊明开始了他自在逍遥的快乐时光。闲了或者累了，就喝酒，然后"采菊东篱下，悠然见南山"（《饮酒》其五）。他臆想的"世外桃源"，也成了无数人的梦想：

土地平旷，屋舍俨然。有良田、美池、桑竹之属。阡陌交通，鸡犬相闻。其中往来种作，男女衣着，悉如外人。黄发垂髫，并怡然自乐。（《桃花源记》）

官场少了一个"三心二意"，田园多了一个"称心如意"，这是文坛的大幸、万幸。

农耕博物馆大门外的门楣上，用"归园田居"。

我这样说，倒不是要大家像陶渊明那样隐居。我想说的是，我们所处的时代，工作节奏快、劳动强度大、交往应酬多，是不是应该找一个僻静的地方，养心安神、冥思反省。同时，也可以偷得一天闲，去参观、体验一下农耕社会劳动、生活的"原生态"。

至于里面的门楣，我想到了"得时无怠"。

"得时无怠"，出自《国语·越语·越兴师伐吴而弗与战》：

得时无怠，时不再来；天予不取，反为之灾。

《国语》，又名《春秋外传》或《左氏外传》。相传为春秋末期鲁国的左丘明（约公元前 502—约前 422 年）所著。《国语》是我国最早的一部国别体史书，21 卷。记事时间，从西周中期，到春秋战国之交，前后约 500 年。通过言论反映事实、以人物之间的对话刻画人物形象，是国语一大特点。像"为川者决之使导，为民者宣之使言"（《国语·周语·邵公谏厉王弭谤》），"轻则寡谋，骄则无礼"（《国语·周语·王孙满观秦师》），"华而不实，耻也"（《国语·晋语·秦伯享重耳以国君之礼》），"有过必悛，有不善必惧"（《国语·楚语·蓝尹亹论吴将毙》），等等，都是经常被后世引用的名句。

"得时无怠，时不再来；天予不取，反为之灾"，是范蠡对越王勾践说的。意思是时机一到就要抓住，千万不要懈怠，错过了机会永不会再有；上天给你的你不要，随之而来的就是大灾大难的惩罚。范蠡的话，虽然针对的是越军对吴军战与不战，但用"时"来比喻、劝说，既明白也贴切。农耕社会，春耕、夏耘、秋收、冬藏，人们按照节气、时令劳作，早一天、晚一天甚至早一时、晚一时都不行，否则轻则歉收，重则灾荒。

农耕博物馆大门里的门楣，用"得时无怠"。

从忙碌、喧嚣中走出来，农耕博物馆越来越近。一抬头，"归园田居"，不如归去。在农耕博物馆里，进入距离我们不过几十年的生活，安步当车，闲庭信步，气定神闲。但我们不能沉湎其中，小憩是为了跋涉、休闲是为了进取，新的生活等着我们去创造。就要走出大门，一抬头，"得时无怠"，催人奋进。

"归园田居""得时无怠"，用在农耕博物馆门外、门里的门楣上，岂不是非常贴切？

我把我的想法告诉老家。我说，我们不用绞尽脑汁想啊，老祖宗早就给我们想好了。

> 归园田居
>
> 得时无怠

老家说：好啊！

后来，我查阅典籍，发现类似"得时无怠，时不再来；天予不取，反为之灾"的句子，还有不少：

> 君子见几而作，不俟终日。(《易经》)
>
> 天与不取，反受其咎。(《周书·列传第四十》)
>
> 且夫天与弗取，反受其咎。(《史记·越王勾践世家》)
>
> 盖闻天与弗取，反受其咎；时至不行，反受其殃。(《史记·淮阴侯列传》)

我后来起草了老家农耕博物馆说明书，结尾一句：与时俱进。

点也虽狂得我情。

咏而归

2 498 年前，一个冬天的下午。屋外罩着严寒，屋里烧着炭火。孔子招呼弟子坐下，让他们"各言其志"。子路、冉有、公西华，或自信，或张扬，或谦虚，但都表明，志趣在江山社稷。只有曾点专心鼓瑟，一副旁若无人的样子。

"曾点，你呢？"孔子问。

曾点放慢鼓瑟的节奏，然后"铿"地一声，"舍瑟而作"，说：

> 暮春者，春服既成，冠者五六人，童子六七人，浴乎沂，风乎舞雩，咏而归。（《论语·先进下》）

子路、冉有和公西华非常惊讶。志趣应该远大、端庄，曾点却说：三月里来好风光，换上单衣，约上五六个好友，带上六七个书童，到曲阜城外的沂水里洗澡，再到沂水河北的舞雩台上吹风，然后一路唱着歌回家。但他们不便说什么，等着老师点评。

孔子长叹一声："吾与点也！"

我第一次读到《论语·先进》里这段文字，被优美的语言、

清 钱杜 《虞山草堂步月诗意图》 日本大阪市立美术馆藏

157

生动的画面所打动，但不免心生疑虑。曾点的一次春游，即使内容再丰富，又怎么能与子路、冉有、公西华的治国和礼教相比？结果出人意料，孔子对子路、冉有、公西华微笑不语，却和曾点的主张一致。

因为文出神圣的《论语》，当事人又是伟大的孔子和他的高足，我首先怀疑自己的感受与判断。这不是妄自菲薄，而是对经典应有的敬畏。浮光掠影、走马观花、囫囵吞枣，就高谈阔论、随意臧否，这是不对的。再读一遍，我知道我错了。沐浴、临风、歌唱，看似平常的举动，所传达的却是社会安定、生活富足、身心自由的信息。假如战乱不断、灾祸频繁、民不聊生，又怎么能呼朋唤友、长歌浅唱？难怪王阳明也说："铿然舍瑟春风里，点也虽狂得我情。"（《月夜》）

游春，并不始于孔子和弟子，亘古有之。暮春者，三月也。惊蛰已过，春意勃发。天暖和了，兴之所至，哪一天都是吉日。由此形成一个景象：望去，村舍边、田野里、河岸上，三三两两，朝朝暮暮。

一件事情，热衷的人多了，会发展成一个节日。这与相聚的人多会形成村庄，做买卖的人多会形成集市，是同一个道理。所谓"节日"，简单地说，就是把散乱的日子，用一个强大的、光明的、公认的理由，固定到某一天。在交通不发达、信息不通畅的年代，这非常重要。明年春来，无需打听、通知，时节就是号令。大家不约而同，如约而至，风雨无阻。而春去也到春来归之间，是漫长的期待。

正月正，天寒地冻，正好在家守岁迎新；二月二，虽然"龙抬头"，但寒意犹在，草木未青。那——三月三？

三月三。

古时候，三月第一个巳日为"上巳"。因为巳日多在三月初三，魏晋以后，上巳节定为三月三。相传，三月三还是黄帝的诞辰日，有"二月二，龙抬头；三月三，生轩辕"的说法。据《后汉书·礼仪上》记载："是月上巳，官民皆洁于东流水上，曰洗濯祓除去宿垢疢为大洁。"意思是说，三月三，无论官员还是百姓，都要到水边洗浴，除污去垢、祛病消灾，身心健康。

每一个节日，似乎都确定得漫不经心，其实天赐，如同时令节气，浑然天成，早一时不得、晚一时不行。清明左右，空气些许清冽，但风中蕴含着芬芳；大地尚且泥泞，但草长莺飞，禾苗蓄势拔节。脱去冬衣，人像从铠甲中钻出，欢呼雀跃，轻松得能飞；扶老携幼，摩肩接踵，一个个欢喜得像盛开的花。

一抬头，芳草萋萋中，隐着故去亲人的坟茔，不禁悲从中来。慎终追远，摆上水果，插上纸幡，点起香烛，燃烧的纸钱升腾起悠长的青烟，如同绵延不绝的思念。

悲伤只在瞬间。尽情呈现当下生活的自由与幸福，以告慰先人，才是后人的本分。到水里沐浴，洗去污垢和病痛；在河边插柳，栽下绿茵和寄托；去田野奔跑，放飞纸鸢和希望……仿佛列祖列宗并未远去，坟茔就是他们端坐的身影。那飞扬的纸幡，是他们由衷的欣喜。

平日里不能抛头露面的女子，这一天，也尽可以花枝招展、随心所欲了。

溱与洧，方涣涣兮。士与女，方秉蕳兮。女曰观乎？士曰既且，且往观乎？洧之外，洵訏且乐。维士与女，伊其相谑，赠之以芍药。（《郑风·溱洧》）

这段文字，记载了西周到春秋时期的"情景剧"。大意是，三月三的溱水和洧水边，好热闹啊！一个姑娘偶遇一个小伙子。姑娘邀请小伙子去看看，小伙子说去过了。姑娘说，那再陪我去一次又何妨呢？他们结伴同行。分别的时候，他们互赠芍药花，相约不忘。今生有缘，明年再会。

上巳节，从先秦开始，一直到唐宋，都非常繁盛。笔墨当随时代，这自然成为文人骚客创作的题材。

伟大的现实主义诗人杜甫，写过"三月三日气象新，长安水边多丽人"（《丽人行》）；伟大的浪漫主义诗人李白，写过"箫声咽，秦娥梦断秦楼月。秦楼月，年年柳色，灞陵伤别。乐游原上清秋节，咸阳古道音尘绝"（《忆秦娥·箫声咽》）。宋代政治家、文学家欧阳修，也在《采桑子·清明上巳西湖好》中写道：

清明上巳西湖好，满目繁华。争道谁家，绿柳朱轮走钿车。游人日暮相将去，醒醉喧哗。路转堤斜，直到城头总是花。

词的上片写游人踏青，西湖繁华；下片写游人返归，沿路鲜花。一个太平世界！

宋元之后，上巳节渐渐衰微。它在清明节前后，清明节前还紧挨着寒食节，于是一起归入清明。热闹了2000年的上巳节，就在昔日的诗文里永远闪烁。

四时更替，斗转星移。

历朝历代，只要不是万不得已、实在迫于无奈，官府都提倡、推崇过节，并且极力宣扬官民同乐、朝野尽欢。这既是顺应天时，也是迎逢民意，更是开明盛世的一种宣告。假如"国破山河在，城春草木深"，在"烽火连三月"，怎么可能"浴乎沂，风乎舞雩，咏而归"？

我想，这就是孔子"吾与点也"的原因。曾点所描述的，是孔子的理想境界，又何尝不是所有人的美好愿景？

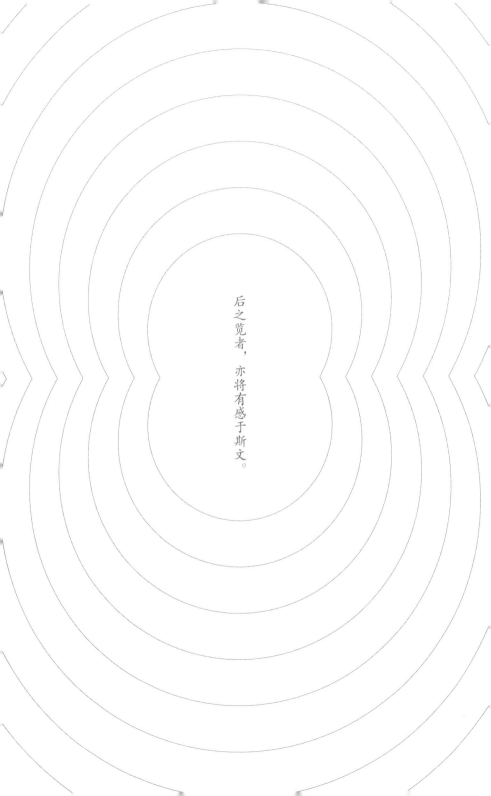

后之览者，亦将有感于斯文。

永远的永和九年

永和九年（353年），王羲之召集全国41位名流聚会，地点在会稽（今浙江绍兴）的兰亭。

日子是早就定好的，三月初三。

三月的第一个巳日为"上巳"。春秋战国开始，人们在这一天去水边沐浴，祈求祛病消灾、福祉降临。上巳多在三月初三，到了汉代，把这一天定为"上巳节"，俗称"三月三"。魏晋时期，文人雅士把起于西周的游戏"曲水流觞"纳入节日，作为重要的娱乐内容。人们坐在岸边，看弯曲的水面上，酒杯顺流而下。酒杯在谁面前滞留，谁就要吟诗，否则罚酒。

名流来自全国各地，但不需要长途跋涉，没有舟车劳顿之苦。会稽山水清幽、风景秀丽。他们大都在这里逗留、隐居，谈玄论道，放浪形骸。此时的东晋，既无外敌南侵之忧，也无北伐之力，又没有三国时的刀光剑影，还不需要像"竹林七贤"装疯卖傻。他们有的是时间，也有的是心境。

说是全国，其实是晋的一半——东晋。晋在公元265年开国，定都洛阳。这是中华历史上大一统的朝代之一，只是没过几年太平日子，就经历"八王之乱"和"五胡乱华"，内外交困。

永嘉五年（311 年），匈奴军队击败西晋守卫洛阳的部队，攻陷洛阳后烧杀抢掠，还俘虏晋怀帝等王公大臣，导致晋在公元 317 年分崩离析，一半归五胡十六国，另一半是东晋，定都建康（今江苏南京），统辖江东。

这些名流又确实来自全国。比如谢安，陈郡阳夏（今河南太康）人；左司马孙绰，中都（今山西平遥）人。即使是王羲之，也是琅琊（今山东临沂）人。他们的家族，在永嘉之乱之后南渡。这也是中华历史上第一次大规模的北人南迁。他们大都住在建康的乌衣巷一带，乌衣巷由此成为高档住宅区。唐代诗人刘禹锡"旧时王谢堂前燕，飞入寻常百姓家"、宋代诗人罗必元"无处可寻王谢宅，落花啼鸟秣陵春"中的"王谢"，"王"指的是王羲之的伯父王导，"谢"指的是谢安。

名流出身世族，家境深厚，才华横溢。

比如谢安，是太常谢裒的儿子、豫章太守谢鲲的侄子、镇西将军谢尚的弟弟、从事中郎谢万的哥哥、车骑将军谢玄的叔叔……他多次辞官，在会稽的东山游手好闲，高谈阔论。后来看看谢家无人当官了，又重返官场，"东山再起"，不仅挫败大司马桓温的篡位，还任淝水之战总指挥，打败进犯的苻坚。苻坚当时拥兵百万，"投鞭于江，足断其流"。谢安用区区 8 万兵马，打出以少胜多的经典战例，还为东晋赢得几十年的和平。

这些名流，朝廷召见任用，未必会去，但王羲之召集，他们要到的。

王羲之出身名门望族，自己威望也高。祖父王正，官至尚书郎。伯父王导、王敦，一位是宰相，一位是镇东大将军。父亲王旷为淮安太守，是第一个提出晋室渡江、建立东晋王朝的人。岳父郗鉴，做过安西将军、车骑将军、太尉。他由江州刺史升任会稽内史，领右将军，是当地最高行政长官。他的书法成就极高，"入木三分"说的是他。更重要的是，他特立独行，

● 明 许光祚《兰亭图并书序卷》故宫博物院藏

我行我素，不合俗流。他出面召集，又是"曲水流觞"这样的雅事，一呼百应。

都到了。

东晋政权先后由琅琊王氏、颍川（今河南禹州）庾氏、谯国龙亢（今安徽怀远）桓氏、陈郡谢氏等掌控。四大家族都有代表人物到场。王氏家族，人数最多，有王羲之和他的六个儿子；谢氏家族，有谢安与其弟谢万；庾氏家族，有车骑将军庾冰的儿子庾友和庾蕴；桓氏家族，有桓温的儿子桓伟。还有来自高平（今山东金乡）郗氏家族的代表、王羲之的小舅子郗昙，来自中都孙氏家族的孙统、孙绰兄弟以及孙绰的儿子孙嗣。

王羲之带他们来到兰亭。

兰亭位于会稽西南兰渚山下,因越王勾践在这里种植兰树、汉代在这里设置驿亭得名。准备工作几天前就开始了,书童们挖沟引水,清流潺潺。三月的江南,本该连日阴雨、乍暖还寒。但这一年的三月初三,天气格外好。春风和煦,树木茂盛,竹林摇曳,远山如黛。

大家先举行消灾祈福的祭礼,然后依次在水边坐下。没有酒池肉林,没有莺歌燕舞,只有畅抒胸臆。

酒杯顺着曲折的流水而来。

王羲之曰:"代谢鳞次,忽然以周。欣此暮春,和气载柔。咏彼舞雩,异世同流。迺携齐契,散怀一丘。"

谢安也曰:"伊昔先子,有怀春游。契此言执,寄傲林丘。森森连岭。茫茫原畴,迥霄垂雾,凝泉散流。"

孙绰跟着曰:"春咏登台,亦有临流。怀彼伐木,肃此良俦。修竹荫沼,旋濑荣丘。穿池激湍,连滥觞舟。"

王羲之七子中,除操之外,玄之、凝之、涣之、肃之、徽之、献之参加了聚会。

王玄之曰:"松竹挺岩崖,幽涧激清流。萧散肆情志,酣畅豁滞忧。"

王凝之曰："庄浪濠津，巢步颍湄。冥心真寄，千载同归。"

…………

最后，11 人各成 2 首，15 人各成 1 首。16 人 1 首没成，罚酒 3 杯，其中有王献之。以至于有人调侃他："却笑乌衣王大令，兰亭会上竟无诗。"王大令即中书令，王献之曾任此官职，并在任上去世。一场声势浩大的雅集，得诗 37 首，有四言，有五言，编辑成《兰亭集》，请王羲之作序。王羲之醉眼迷离，取鼠须笔，略作沉吟，在构树皮做的纸上挥洒：

永和九年，岁在癸丑，暮春之初，会于会稽山阴之兰亭，修禊事也。群贤毕至，少长咸集。此地有崇山峻岭，茂林修竹，又有清流激湍，映带左右。引以为流觞曲水，列坐其次。虽无丝竹管弦之盛，一觞一咏，亦足以畅叙幽情。(《兰亭集序》)

王羲之一气呵成，计 28 行，324 字。满纸笔酣墨饱，气韵流畅。文书双璧，浑然成天下第一行书。

这次雅集，盛况空前。此后，多少文人墨客，甚至帝王将相，都仿兰亭曲水流觞，但无一能有气势。

没有了那时代，没有了那性情，没有了那名流，没有了那王羲之，又怎么会有那永和九年？

王羲之或许预料到了，否则不会隔空对话："后之览者，亦将有感于斯文。"

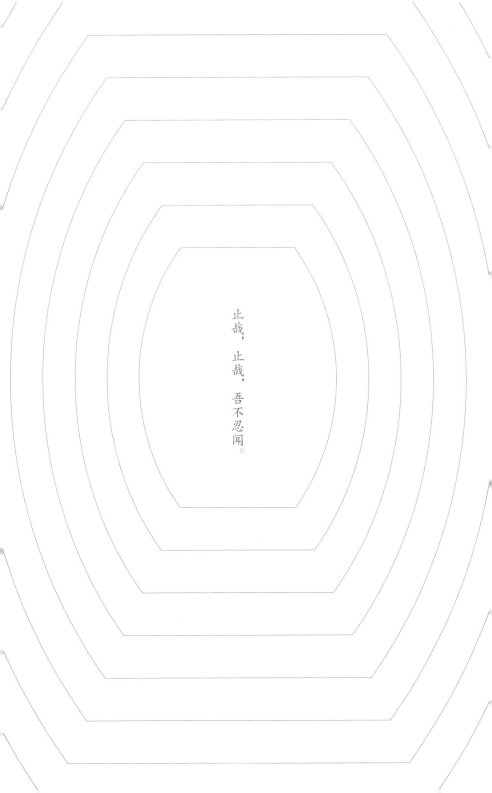

止哉，止哉，吾不忍闻。

无『别』不骚客

骊驹在门，仆夫具存。

骊驹在路，仆夫整驾。

这首《骊驹》，可能是中国现存最早的告别诗。它没有被收录进《诗经》，是一首"逸诗"。事实上，先秦诗歌或者"歌诗"浩如烟海，被收入"诗三百"的，只能是沧海一粟，更多的湮灭在岁月之河的波涛里，还有极少数，通过其他载体侥幸生存。

比如《骊驹》，隔了几百年之后，出现在《汉书·儒林传》中：

（江公）心嫉式，谓歌吹诸生曰："歌《骊驹》。"式曰："闻之于师：客歌《骊驹》，主人歌《客毋庸归》。今日诸君为主人，日尚早，未可也。"

有一个叫江公的人，不喜欢王式，就对奏乐的人说："唱《骊驹》（送客）。"王式说："我听老师说过，客人告别才唱《骊驹》，主人送别应该唱《客毋庸归》。你们都是主人（不应该唱《骊驹》）。天时还早，我还不想走。"

江公和王式之间的瓜葛，暂且不论。值得注意的是，在很久以前，"别"就进行了两种形式的区分。一种是告别，一种是送别；告别的主体是客人，送别的主体是主人；"别"不同，"歌"也不同；告别的歌先唱，送别的歌后唱，否则就是赶客人走。

《骊驹》是客人告别时唱的歌，王式嘲笑或者提醒江公，你们唱反了。

黑色的马啊，已经站在门口。车夫已经准备好了。我就要走了。

黑色的马啊，已经站在路边。车夫已经挥动鞭子。我就要走了。

《骊驹》，成了告别时刻必定吟唱的歌曲。"骊驹"或者"骊歌"，频繁入诗。

"何用识夫婿，广路从骊驹。"（北宋·郭茂倩《乐府诗集·陌上桑》）不用去找我的丈夫，那个后面跟着黑马的大官就是。

清 黄慎《流水知音图》私人收藏

"洛城虽半掩，爱客待骊歌。"（南朝·刘孝绰《陪徐仆射晚宴》）洛阳城门快要关了，但不要急，耐心等客人唱告别的骊歌。

"正当今夕断肠处，骊歌愁绝不忍听。"（唐·李白《灞陵行送别》）在今晚最伤心的地方，实在不忍心听告别的骊歌。

············

告别与送别，一体两翼。中国现存最早的送别诗，是《诗经》中的《邶风·燕燕》：

> 燕燕于飞，差池其羽。
>
> 之子于归，远送于野。
>
> 瞻望弗及，泣涕如雨。
>
> ············

据考证，这首诗的作者是庄姜。

庄姜是齐国姜氏公主，嫁给卫庄公，所以称"庄姜"。《诗经》中"手如柔荑，肤如凝脂，领如蝤蛴，齿如瓠犀，螓首蛾眉。巧笑倩兮，美目盼兮"（《卫风·硕人》），描写的就是她的美貌。

可惜，庄姜不能生育，庄公又娶了陈国的戴妫。戴妫为庄公生了公子完，完被立为太子，奉庄姜为母，后来被人杀害。戴妫不想留在卫国这个伤心之地，要回到陈国去。庄姜送别戴妫，一唱三叹，柔肠寸断，难舍难分。

燕子在天上飞啊，双翅不停地扇动；

妹妹今日远行啊，郊外一程又一程相送；

登高远望，已看不见妹妹的身影啊，泪眼朦胧……

如果要在人类日常生活中，选择一个最能触发生命情感的动作，该会是什么呢？

一定是"别"。

目光投向遥远的古代。

人猿揖别。

先民在历史的蒙昧深处摸索，左冲右突。我们看不见他们，但能听到他们粗重、惶恐的喘息。

先民是在帮我们在寻找出路，步履蹒跚。在山林，在溪流，在高岗，在旷野，密密麻麻，羸弱如蝼蚁。他们渐渐清晰起来：双腿半屈、两手低垂，斜坡一样的脸上目光如炬。他们前后左右、头顶脚下，赤日炎炎，冰雪如刀；虎狼凶恶，蛇虫横行；山石崩塌，江河泛滥；瘟疫频发，瘴气弥散。

这是最为险恶的生存环境。

一转身，伙伴被虎狼攫取；一转眼，伙伴被熊罴吞噬；一个踉跄，伙伴跌入万丈深渊；一个愣神，伙伴卷入滚滚洪流。

每时每刻，伙伴都在倒下、少去。

整个原始社会，人类平均寿命不到 20 岁。

在伙伴突然消失的地方，先民们不停地招手。他们坚信，既然可以突然消失，也一定可以突然回来。挥动的手，如同招魂的纸幡。

在伙伴成为白骨的地方，先民们苦思冥想。血肉去了哪里，呼吸去了哪里，温暖去了哪里，魂魄去了哪里……白骨无言，一点儿一点儿遁入尘埃。

生命，就像水，从手掌心滴漏。

生命，就像落叶，被飓风席卷。

"嗷——"先民围着熊熊的野火，叩天问地。天地无语。他们脚踏如鼓、击掌而歌，披头散发，手舞足蹈，节奏渐快、渐强："嗷！嗷！嗷……"

…………

"别"的动作，与生俱来。只是混沌未开，并不明白发生了什么。疑惑、悲痛、忧伤、恐惧、无助，江河倾泻一般融入血液，成为民族的天性和基因。

别父母，别子女，别夫妻，别朋友，别岁月，别四季。

生离死别，并不在距离远近，也不在时间长短。至暗时刻，转身即生离，转眼即死别。说再见容易，要再见就难。从此一别，岁月经年、山高路远。

何止人类如此？

象在呜咽、狼在悲号、鹰在盘旋、猴在捶胸，在对逝去生命告别；蛐蛐鸣叫、仓鼠储物、桑蚕结茧、青蛙钻洞，在对时光告别。而新芽萌发、绿叶繁茂、果实累累，那是草木凭着对季节的敏锐感知，完成涅槃一样的轮回。

一切生命，概莫能外。

先秦的两首诗，一首告别，一首送别，开"别"诗之先河。

在"别"了多少岁月、多少生命之后，先民逐渐萌发"别"的意识，衍变出"别"的仪式。有关"别"的诗文，便奔涌如江河、浩瀚如沧海。

"别"，是每一个人的刻骨铭心。不舍、无奈、珍惜、牵挂、担忧、期待、祝福……或涟漪，或波澜，在灵魂深处经久不息。

"别"，也成了文人墨客的魂牵梦绕。无"别"不骚客，无骚客不"别"。中国的文学艺术，不仅"别"的题材占了极为重要的位置，而且产生了难以计数的荡气回肠、摄人心魄、传之久远的作品。

孤帆远影碧空尽，唯见长江天际流。（李白《黄鹤楼送孟浩然之广陵》）

此去与师谁共到，一船明月一船风。（韦庄《送日本国僧敬龙归》）

执手相看泪眼,竟无语凝噎。(柳永《雨霖铃·寒蝉凄切》)

"渭城朝雨浥轻尘,客舍青青柳色新。劝君更尽一杯酒,西出阳关无故人。"王维的《送元二使安西》,婉伤凄美又温暖体己,贯穿世代,成为每一个分别必需的歌唱。西出阳关无故人,西出阳关无故人,西出阳关无故人啊……一遍又一遍,是为"三叠"。劝君更一杯,舍不得君出"阳关"。

20世纪上半叶,一个寒冬的晚上。雪落无声,街灯暗淡。弘一法师李叔同悲戚,禁不住念念有词:

长亭外,古道边,芳草碧连天。

晚风拂柳笛声残,夕阳山外山。

天之涯,地之角,知交半零落。

一壶浊酒尽余欢,今宵别梦寒。

弘一法师的弟子丰子恺听到了,不能自已:"止哉,止哉,吾不忍闻。"

来归相怨怒，但坐观罗敷。

陌上的罗敷

我骑着马，在天亮之前，赶到秦庄的桑树下。"日出东南隅，照我秦氏楼。"太阳出来，秦家的女儿就会来采桑。

秦庄的桑树，以前在传说中，在我的梦里。现在，它赫然站在我面前。天还没亮，我看到一个庞大的轮廓，想象着一树葱茏。我还听到了一阵阵窃窃私语，一片一片叶子，跟着晨风飘闪。

马散漫地走在河滩。我听到它吃着草，打着响鼻。

陆陆续续有人从夜色里出来。

"早啊！"

"早啊！"

"——为何这么早？"我问。

一个肩扛锄头的小伙子问我："你又是为何？"

"哈哈……"大家笑了。

我的身边，有了许多人，一张张新鲜、兴奋的脸。

"呃——她叫罗敷吗？"我问。

一个牵牛的小伙子说："还有什么名字，比这更好听呢？"

突然有人唱了起来："青丝为笼系，桂枝为笼钩。"

有人接着唱："头上倭堕髻，耳中明月珠。"

"缃绮为下裙，紫绮为上襦……"又有人接着唱。

此起彼伏。

关于罗敷，传说很多。

说她本来叫秦氏，自己给自己取名"罗敷"；说她喜欢养蚕，说她很漂亮。

她叫什么，是不是喜欢养蚕，并不重要，重要的是她很漂亮。因为她很漂亮，她的一切，大家都有兴趣。

她家在村子东头，她住西边那间屋；

她有很多好看的衣服，都是丝织的；

她喜欢穿好看的衣服，所以才养蚕；

她在妈妈肚子里的时候，爸爸就在这里种下一棵桑树。

天渐渐豁亮。

一条大路，蜿蜒着伸出村子，奔到桑树下，再奔向东，奔向西，奔向南，奔向北。它们在辽阔的田野，在绿油油的庄稼地，与其他阡陌，纵横交通。

我看清楚桑树了。

粗大的树身隆出地面。它在半人高的地方，不再向上，果断向四周伸展。巨大的一蓬，像撑起的绿色天空。大大小小的枝丫四通八达，让人想起旷野的道路和河流，以及身体的青筋和脉管。密密麻麻的树叶，像一万个巴掌，杂乱而欢快地拍着。仔细听，隐隐的掌声越来越明亮。那些枝枝叶叶之间，躲藏了无数的桑葚。一颗颗、一簇簇，有的淡青，有的淡红。那是了不起的诱惑，以至于每一个人都盼望时光飞逝，甜紫的日子扑面而来。

河滩的斜坡上，芳草萋萋，一直长进水里。河从天尽头流来，再向天尽头流去，看不见河水流动，却看得见青葱笔挺的芦苇招摇。

河滩的缓坡上，牛羊成群。

"咩——"羊在叫。

"哞——"牛忍不住也叫。

我的马受到感染，扬起脖子："咴——"

东边的地平线，就在这个时候红了。这是生机勃勃的红，仿佛一粒深埋已久的炭火，就要冲破岩石和土层，喷薄而出。

● 清 佚名《十二月月令图六月》台北故宫博物院藏

191

我不敢眨眼，唯恐错失亲见的机会。

"轰！"硕大的红日，一下子跳出地平线，冉冉升起。田地、庄稼、河流、村社……羊、牛和马，还有我们，肃立，遥看东方。

"来了，来了！"有人说。

大家一阵骚动。

我扭过头，和大家看着村口。

一辆牛车，稳稳当当走来。牛车上的响铃，"叮当"作响。一个姑娘，婷婷地站在牛车上，披着万道霞光。

我的心剧烈地跳动起来。

我见过美女，她们在《诗经》里。"窈窕淑女"（《周南·关雎》）、"佼人僚兮。舒窈纠兮，劳心悄兮"（《陈风·月出》），但没有详细描写"淑女""佼人"之美，给了一个无限想象的空间。"手如柔荑，肤如凝脂，领如蝤蛴，齿如瓠犀，螓首蛾眉"（《卫风·硕人》），不惜笔墨和情感，描写女子美貌，尤其"巧笑倩兮，美目盼兮"，让美女神韵，跃然纸上，成就千古绝唱。

但这些佳人，毕竟生活在《诗经》里。今天，我要亲眼见到一个漂亮姑娘。她不是诗，也不是传说。她是现实。我骑着马，星夜兼程来看她。

牛车近了。

我看到罗敷了。就像刚才唱的，她提着篮子，篮子用青丝做络绳，用桂树枝做提柄。她头上梳着堕马髻，耳朵上戴着宝珠做的耳环；浅黄色花纹的丝绸做成下裙，紫色的绫子做成短袄。

我惊叹罗敷的美丽，但无法用言语表述。两天后，我听到了人们的传诵：

行者见罗敷，下担捋髭须。少年见罗敷，脱帽著帩头。
耕者忘其犁，锄者忘其锄。来归相怨怒，但坐观罗敷。

传诵者是聪明的。伟大的《诗经》之后，正面描写美女之美就困难了，最好的办法，是从侧面另辟蹊径。

走路的中老年人看见罗敷，放下担子，捋着胡子注视她。年轻人看见罗敷，禁不住脱帽重整头巾，希望引起她的注意。耕种的人忘记干活，农活没有干完，一家人相互埋怨，只顾看罗敷的美貌了。

哈哈，我也在其中，就是"脱帽著帩头"的少年。

"来人了！"有人喊。

远处来了一辆五驾马车。车上坐着太守，车的前后左右，都是他的随从。快到桑树的时候，马车慢了下来。

太守见过大世面，但看到罗敷，还是被她的美惊呆了。他结结巴巴问："罗敷……年几何？"

"二十尚不足，十五颇有余。"罗敷的声音，像黄鹂鸟一样清脆。

"尚——颇——"太守想了想，笑了，"年方十九？"

"嗯！"罗敷点点头。

太守看看围观的人群，指着自己的马车，对站在牛车上的罗敷说："宁可共载不？"

"罗敷自有夫。"罗敷笑着说。

罗敷已经嫁人了？

太守有些尴尬："这——"

"啊？"我们大吃一惊。

"罗敷，夫在何处？"

"罗敷，我们为何闻所未闻？"

罗敷轻轻地拍拍牛背："驾！"她一边回家，一边放声歌唱：

东方千余骑，夫婿居上头。何用识夫婿？白马从骊驹，

青丝系马尾，黄金络马头。腰中鹿卢剑，可值千万余。

"哈哈哈哈……"大家笑了。

罗敷的唱词里，丈夫是一个大官。大官骑着高头大马，马笼头是金做的，腰佩价值连城的宝剑，随从就有1000多人。

"她编故事呢。"肩扛锄头的小伙子说。

牵牛的小伙子说："我们从来没见。"

"我都没见过。"太守说。

"散了吧。"

"对，明早再来。"

桑树下热闹的人群，一个个高高兴兴地散去。

我爬上马，双腿夹着马肚子，但我的马并不上前。马，你是留恋河滩上的青草，还是因为我总是回头，看看罗敷的背影？

秦庄路口的桑树，巍峨地站着，一动也不动。

一顾倾人城，再顾倾人国。

北方有佳人

北方有佳人，绝世而独立。

一顾倾人城，再顾倾人国。

宁不知倾城与倾国，佳人难再得。

（《乐府诗集·李延年歌》）

这是李延年的《李延年歌》，又称《佳人曲》。

李延年，西汉时期伟大的音乐家。中山国（今河北定州）人，出生于文艺世家，父母和兄弟姐妹都以乐舞为业。他生于哪一年，无从考证。汉武帝元鼎五年（公元前112年），才有踪迹可寻。

公元前112年，司马迁升为郎中。郎中职位的设置，始于战国，不一定有多大的权力，但地位非常高。郎中们在皇帝身

● 南宋 佚名《歌乐图》上海博物馆藏

边工作，可以随时向皇帝建议，也可能随时被皇帝提问，有时候还会成为皇帝的随从、护卫。

郊祀的日子，越来越近了。

到国都南郊祭天、北郊祭地，称为"郊祀"。郊祀是帝王祭祀的重要组成部分，以祈求风调雨顺、国泰民安、五谷丰登。

一天，汉武帝召集公卿说，百姓的祭祀都有音乐和歌舞，而郊祀这样的国家公祭，却没有正式、规范的乐章，很不得体。

喏！公卿们说，祭祀天地神灵，包括朝廷其他重要活动，一定要庄严，要有仪式感，歌咏乐舞是不能缺少的。

于是，公元前 122 年，汉武帝昭告天下，设立乐府，相当于在国家层面成立歌咏管理部。乐府在秦朝就有，负责搜集民

歌，但没有专设官署。汉乐府的职责，不仅要专门负责采集、整理歌谣，还要组织写诗、谱曲、编舞、演奏。

西周时起，周天子就派采诗官，摇着木铎，行走于山水阡陌、村舍集市，采集歌谣。采诗官回到京城，将所得进行整编，交给专职的太师。太师再做选择，呈献天子。

交通非常不发达，又没有通讯技术，书写也不可能。天子就想通过民谣，了解、体恤民情。

天子征集，天下响应。报送到太师那里的歌谣，多到来不及处理。这些来自民间的歌谣，后来成为《诗经》最重要的部分：《风》。

诗歌在经过"风（《国风》）骚（《离骚》）"之后，到了西汉，一种新的诗歌体成熟了。

《诗经》以抒情为主，奠定中国的诗歌是"情诗"的基础。但诗经体一般每句四言，便于复沓咏叹，叙事受到拘束。楚辞体突破四言，杂言活泼而奔放，洋溢着的是浪漫主义。

汉代的诗歌，杂言依旧，但又整体趋向五言，而且非常口语化；句式随心所欲，手法富于变化，内容偏于叙事。更重要的是，秉持的是现实主义。

这不奇怪。西汉开国之后，政治、经济、军事等各个方面，都有飞速、巨大的发展，值得书写的内容空前丰富。所以，不仅诗歌在形式、题材、内容上有革命性突破，赋等文学样式也开始繁荣。

自孝武（汉武帝谥号"孝武"）立乐府而采歌谣，于是有代、赵之讴，秦楚之风，皆感于哀乐，缘事而发。（《汉书·艺文志》）

所以，乐府设立，应运而生、应时而生。乐府工作人员，最多的时候有七八百人。他们都是一流的文学家、音乐家、舞蹈家，以及著名的民间艺人。

就在这一年，李延年被招进乐府。

李延年在文学、音乐上的造诣极高，但因犯法，被处宫刑，在狗监看管皇帝的猎犬。如果没有乐府，他可能永无出头之日，但在公元前112年，他成了难得的人才。

"平阳公主言延年女弟善舞,上见,心说之,及入永巷,而召贵延年。"(《史记·佞幸列传》)平阳公主告诉汉武帝,李延年的妹妹舞跳得很好。汉武帝见了,十分喜欢,召入宫中,称"李夫人",并紧急召见李延年。

李延年献上了自己作诗、谱曲的《佳人曲》:

> 北方有一位妙龄少女,美丽但还没出嫁。
>
> 她回眸一笑全城惊叹,再回眸举国倾倒。
>
> 即使用城和国去交换,难找这绝色娇娃。

李延年且歌且舞。因为受宫刑,他有着接近女性的婉转歌喉、柔软腰肢和姣好面容。

少女之美,标准是什么?

《诗经》里说:"手如柔荑,肤如凝脂,领如蝤蛴,齿如瓠犀,螓首蛾眉。巧笑倩兮,美目盼兮。"(《卫风·硕人》)手像春芽嫩,肤如凝脂白,颈似蝤蛴柔,齿若瓠瓜整。额角饱满蛾眉细长,嫣然一笑美目传情。描写非常直接、细腻,不惜笔墨、极力铺陈，少女之美跃然纸上。

李延年的《佳人曲》，则通过夸张、侧面描写，"不着一字"，把美写到极致，并且留下广阔的想象空间。

汉武帝看呆了。他赐李延年"佩二千石印，号协声律。……与上卧起，甚幸贵"（《史记·佞幸列传》）。李延年从此每年拿2000石的俸禄，做了"协声律（即协律都尉，掌管乐舞的官员）"，在宫中和皇帝同卧同起，非常受宠爱。

司马迁和李延年是同时代人，又在皇帝身边工作，所记不会有误。另有《汉书·礼乐志》可以佐证：

以李延年为协律都尉，多举司马相如等数十人造为诗赋……

李延年负责谱曲编舞，司马相如等负责写诗做赋。司马相如是伟大的文学家、词赋家，因为乐府，他和李延年珠联璧合。

时代需要、皇帝喜爱、朝廷号召、公卿支持、官府作为、专家力行、民众顺应，乐府日益昌盛。乐府从民间采集和组织编纂的《陌上桑》《孔雀东南飞》《木兰诗》《长歌行》《东门行》《上邪》《薤露》《蒿里》等"歌诗"，如雨后春笋，星罗棋布于两汉，并开一代诗风，与《诗经》《楚辞》鼎立，深刻而持久地影响后世文人和文学。

汉武帝天汉二年（公元前99年），时任太史令的司马迁约47岁，为打败仗的李陵辩解，受到与李延年同样的处罚：宫刑。他忍辱负重，完成《史记》，分别于《外戚世家》《佞幸列传》，涉及李延年。

据记载，李延年的妹妹李夫人，生汉武帝第五个儿子刘髆，不幸早逝，皇恩逐渐寡淡；李延年的弟弟李季作奸后宫、哥哥李广利投降匈奴，李家最终被汉武帝灭族。

李延年虽然没做坏事，而且对推动乐府发展呕心沥血，但受株连，于汉武帝征和三年（公元前90年）被诛杀。

巧的是，司马迁也在这一年去世。

人事浮沉，自有评说。但无论如何，李延年和"北方有佳人"，在歌诗乐舞中相伴至今，就像司马迁在《史记》里屹立千年。

肉食者鄙，未能远谋。

一个人的战争

十年春，齐师伐我。

《曹刿论战》开篇第一句。典型的《左传》风格：时间开头，单刀直入，每一个字都管用。

具体说，鲁庄公十年（公元前 684 年）春天，齐国大夫鲍叔牙，率兵 30 万攻打鲁国。

公将战。

鲁庄公能战吗？

三个月前，齐师和鲁师在齐国的乾时（今山东青州）打了一仗。鲁军大败。鲁庄公丢弃战车，在将士的掩护下狼狈逃窜。鲍叔牙一路追杀到鲁国，迫使鲁庄公杀了公子纠，绑了管仲。

鲍叔牙又来了，率兵 30 万。

鲁庄公满打满算，还剩 3 万兵马。

先理一理关系。

齐僖公于三十三年（公元前 698 年）离世，传位给大儿子齐襄公。齐襄公有两个弟弟，一个叫公子纠，一个叫小白。两个弟弟担心为残暴昏庸的大哥所害，分别走上了流亡之路。纠在大夫管仲、召忽的帮助下逃到鲁国（今山东济宁），小白在大夫鲍叔牙的帮助下逃到莒国（今山东莒县）。

齐襄公十二年（公元前 686 年），齐襄公被侄子、宠臣公孙无知杀死，公孙无知自立为王。第二年（公元前 685 年），大夫雍廪杀了公孙无知，齐国的君主一下子没了。

公子纠和小白都有了机会，立即启程，赶往国都临淄（今山东淄博）。谁先到，谁将被拥立为王。

鲁庄公亲自护送公子纠，鲍叔牙亲自为小白驾车。莒国距离临淄近，鲁庄公担心小白捷足先登，命管仲去小白必经之路埋伏。管仲一箭，射中小白衣服上的带钩。小白装死，骗过伏兵，星夜潜逃回国。等公子纠大摇大摆到乾时，小白已经成了齐桓公。鲁庄公恼羞成怒，护军变进军。鲍叔牙带兵大败鲁军，鲁庄公差点被活捉。

鲍叔帅师来言曰："子纠，亲也，请君讨之。管、召，

仇也，请受而甘心焉。"乃杀子纠于生窦。召忽死之。管仲请囚，鲍叔受之，及堂阜而税之。(《左传·鲁庄公九年》)

鲍叔牙带话给鲁庄公，齐桓公不忍对弟弟公子纠动手，麻烦鲁庄公给办了；管仲和召忽是齐桓公的仇人，麻烦鲁庄公给绑了，齐桓公要亲自收拾他们才放心。鲁庄公没办法，在生窦（今山东菏泽北）杀了公子纠。召忽自杀，管仲被押回齐国。

管仲到了齐国，鲍叔牙竭力举荐。齐桓公不计前嫌，以管仲为国相。"管仲既用，任政于齐，齐桓公以霸，九合诸侯，一匡天下，管仲之谋也。"(《史记·管晏列传》)管仲辅佐齐桓公，成为"春秋五霸"之首。这是后话。

鲁庄公与齐桓公，生死之仇。

还有——

鲁庄公的父亲是鲁桓公。公元前 694 年，鲁桓公带妻子文姜去齐国。齐襄公和文姜同父异母，竟然是情人。齐襄公发现事情败露，设计杀了鲁桓公。鲁庄公继位。

鲁庄公与齐桓公的哥哥齐襄公，杀父之仇。

因此，鲁庄公不管能不能战，都将战。

曹刿请见。

曹刿是鲁国人，周文王的后代，祖上显赫。但他具体是怎么回事，没人清楚。《左传》基本上是大事记。在"十年春"之前，没记到他，表明大事都与他无关。乡人知道他要见鲁庄公，都劝"肉食者谋之，又何间焉"。他说"肉食者鄙，未能远谋"，表明他还不是"肉食者"，地位不高。

鲁庄公破例，接见曹刿。

问何以战。

鲁庄公答："衣服和粮食，不敢独自享受，一定分给别人。"曹刿摇头："这是小恩惠，百姓不会追随你。"鲁庄公又答："呃——祭祀用的牛羊玉帛，不敢虚报数目，一定反映真实情况。"曹刿还是摇头："这是小信用，神灵不会赐福你。"

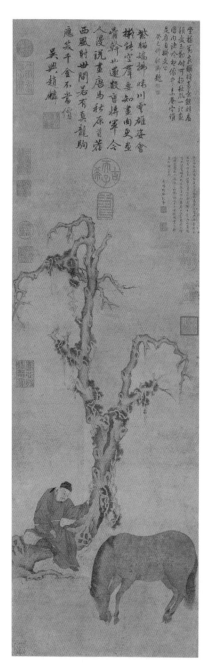

学极笔良颜极孝孝奇银好若
须成之勤时可授松爪一记画
因问津今知俊中主卷宁绝
是眉自摘我今
然乌竹 作浦题

紫榼媚拂怀川雪骓妥会
掷绡空庫奎知画阁更童
猾幹小蓮数首将军今
个漫说重唇马秋原貴著
西風射世間若有真龍駒
應荛千金不當偈
吴興 趙麟

● 元 赵麟《相马图轴》台北故宫博物院藏

214

鲁庄公其实没想过"何以战"。不能怪他，刚刚惨败，又以士气低落的 3 万对乘胜追击的 30 万，有什么好想的？以卵击石，要求"卵"考虑以什么姿势"击"，过分了。

"大大小小的案件，虽然不能完全明察，必定按情理去办。"鲁庄公再答。如果曹刿还摇头，就算了。

"这是恪尽职守的表现，凭这个可以打一下。"曹刿点头了，"打起来，请让我跟着你。"

凭曹刿的"论"能战？鲁庄公不傻。但他不相信曹刿又能怎样？至于曹刿要求一起上前线，就上吧。曹刿，就你能，看你"何以战"。

鲁庄公破例，允许曹刿和他同乘一辆战车。这辆战车是新的，上一辆丢在齐国。往事不堪回首。

战于长勺。

双方对垒，都有套路：擂鼓进兵。齐师鼓声震天，士气爆棚。鲁师不行，但鼓还是有的。鲁庄公"将鼓之"，曹刿说"未可"。鲁庄公愣了一下，破例答应了。

齐师没听见鲁师鼓声，以为他们怕了，呐喊变成耻笑。又擂一次，没看见鲁师应战，耻笑变成说笑。

那就再擂一次噻！

鲁师依旧闭门不出。

这仗不用打了，一会儿直接碾压过去。齐师卸甲宽坐，谈笑风生。

"可矣！"曹刿说。

鲁鼓骤响，3万兵马齐发。齐师措手不及，30万兵马掉头就跑。

鲁庄公反应过来，"将驰之"。曹刿说"未可"。他煞有介事地下车看看，又爬到车的横档上望望，说"可矣"。

遂逐齐师。

齐师完败，死伤逾千。

鲁庄公不知道是怎么赢的，请教曹刿。

夫战，勇气也。一鼓作气，再而衰，三而竭。彼竭我盈，故克之。夫大国，难测也，惧有伏焉。吾视其辙乱，望其旗靡，故逐之。(《左传·庄公十年》)

呵呵，《曹刿论战》，理论指引，曹刿把破罐子破摔的战斗，变成了以少胜多的著名战例。

说实话，"十年春"这一战，对鲁庄公很重要，但对历史进程未必有影响。春秋（公元前770—前476年）时期，周朝衰微，群雄争霸。以致"春秋"过后，干脆叫"战国"（公元前475—前221年）。大战家常便饭，以少胜多也不胜枚举。假如没有曹刿，或者曹刿也以为"肉食者谋之，又何间焉"，长勺之战，算不得什么。

确实算不得什么。以至于《左传》记载，"战"没什么好说的，"论"才是亮点。

但曹刿出现了。

但曹刿出现又怎么样呢？假如鲁庄公不见、不带、不听呢？

但鲁庄公见、带、听又怎么样呢？假如鲍叔牙不是骄兵，假如齐桓公听了刚上任的国相管仲所劝，不急于用兵呢？

又假如，齐襄公不被杀、公孙无知不被杀、没有公子纠与小白之争……细思极恐，所以历史不能假如。

这一仗，仿佛就是为曹刿打的。

"十年春"之后，不再有曹刿。

这是典型的《左传》风格。没大事，就不记。

但有"十年春"，也足够了。

今建国立君，泽可以遗世。

一种不老的方式

"相邦！"信使翻身下马，双手托着信函，高举过头顶。吕不韦（？—前235年）稳步走来，气定神闲，接过信函。

大家看着吕不韦，目光充满期盼。这位先王秦庄襄王（公元前281—前247年）任命的丞相、册封的文信侯，当今秦王（公元前259—前210年）拜认的仲父、任命的相邦，不会总是蛰伏在河间，应该随时会重返咸阳。所以，各诸侯国的宾客信使，转道河间，络绎不绝，而他本身家奴过万、门客三千。河间除了规模不如都城咸阳，气势上如虹贯日，一点儿不输。

这对咸阳是一个威胁。但没办法，相邦、仲父就是这个排场。

公元前235年的冬天。河间的冬风被阳光照晒着，吹面不冷。

"相邦！"大家跪成黑压压一片，双手抱拳。

"呵呵！"吕不韦抽出书信，随手展开：

君何功于秦？秦封君河南，食十万户。君何亲于秦？号称仲父。其与家属徙处蜀！（《史记·吕不韦列传》）

"呵！"吕不韦一笑，抖抖书信，收进袖管。他的脸有些苍老，脸色有些憔悴，但笑容满面，像水面粼粼的波光。

"呵呵呵呵……"大家笑出声。吕不韦轻松的表情，让他们相信，袖管里的，不是召相邦入朝的佳音，但也不是什么噩耗，只是一封普通的书信。

大家高谈阔论，觥筹交错。他们愿意相信，重召仲父、相邦的诏书，正在快马加鞭。

吕不韦趁着大家不注意，绕着回到厢房，对着窗口西斜的太阳，拿出袖管里的信。

你对秦国有何功劳？秦国封你在河南，食邑十万户。你跟秦王有什么血缘关系？而号称仲父。你和你全家都迁到蜀地去吧！

秦王的小篆写得典雅庄重。

"呵！"吕不韦嘴角动了动。他并不感到恐惧和伤心，反而对秦王的铁石心肠感到欣慰。一个帝王，不应该儿女情长。

但他还是从秦王的做法中，体会到脉脉温情。秦王一逐咸阳，再逐河间，始终不杀他。

太阳西移。吕不韦坐在阴影里的卧榻上。面前的金光，仿佛是辉煌的通道，勾连着纷繁错杂的岁月。

吕不韦是卫国的大商人，习惯低买高卖，积累万千家产。如果他一直做下去，富可敌国，但他遇到了异人（秦庄襄王）。

> 濮阳人吕不韦贾于邯郸，见秦质子异人，归而谓父曰："耕田之利几倍？"曰："十倍。""珠玉之赢几倍？"曰："百倍。""立国家之主赢几倍？"曰："无数。"曰："今力田疾作，不得暖衣余食；今建国立君，泽可以遗世。愿往事之。"（《战国策·秦策》）

《秦策·濮阳人吕不韦贾于邯郸》记载，吕不韦问父亲耕田可获利几倍，父亲说十倍。又问贩卖珠玉可获利几倍，父亲说百倍。再问立一个国家的君主可获利几倍，父亲说不可以数计。

"那我愿意去做。"吕不韦兴致勃勃地说。

异人的父亲是安国君（公元前 302—前 250 年）。安国君是秦昭襄王次子，但长兄夭折，他成为继承人。安国君有 20 多个儿子，异人最不受器重，被送到赵国当人质。吕不韦在赵国都城邯郸遇到异人，认为他"奇货可居"，和他成为密友，还把自己喜欢的歌姬赵姬献给他。安国君最宠爱华阳夫人，但华阳夫人没有儿子。吕不韦用重金买通华阳夫人，让她把异人收为养子，劝说安国君立他为继承人，又设法让赵国放人。

公元前 251 年，秦昭襄王去世，安国君继位为秦孝文王。三天后，秦孝文王突然中毒身亡，异人继位为秦庄襄王。秦庄襄王尊华阳夫人为太后，拜吕不韦为相国、封文信侯。

公元前 247 年 5 月，秦庄襄王病死，他与赵姬所生之子政继立为秦王。这一年，政 13 岁，拜认吕不韦为仲父，任命吕不韦为相邦，朝政交给他打理。

政，就是公元前 221 年灭六国称帝的秦始皇。

"呵呵！我的国！"吕不韦禁不住笑了。他竟然把一个痴人说梦，搞成了天大的现实。君主和国，好像是他做成的一笔大买卖。只不过"宦官"嫪毐与秦王的母亲赵姬私通，传闻沸沸扬扬，而嫪毐是他推荐，赵姬又曾经是他的爱姬，他被秦王逐出咸阳，谪居河间。

太阳下山，光线暗淡，但宾客信使、门生兴趣不减。他们击缶而歌，甩袖而舞，临风而举。

吕不韦从窗后看着他们，像一夜暴富的巨商，看着数不清的金银财宝。

"啪！"吕不韦敲击火石，点亮灯盏。火苗飘动，四壁码放整齐的书册，好像奔跑起来。他的影子在书册里颠簸，仿佛骑在一匹宝马上。十二纪、八览、六论，26 卷、160 篇、20 余万字——他烂熟于心。每一卷、每一篇，甚至每一个字，他都抚摸过，如同摸过每一块金锭、每一文钱。

吕不韦对流行天下的书籍、永垂史册的书家，羡慕不已。他是商人，不擅长著书立说。但他有钱，而且有了权，于是广招门客，给他们食之不尽的美味、取之不尽的钱财，他们的任务就是编写文集。终于，3 年前文集诞生，洋洋大观，以"道家学说"为主干，熔诸子百家学说于一炉。他踌躇满志，取名《吕氏春秋》。

屋外的喧嚣，没有一点儿减轻的意思。几个孩子的声音，在嘈杂中清脆如铃：

> 楚人有涉江者，其剑自舟中坠于水，遽契其舟曰："是吾剑之所从坠。"舟止，从其所契者入水求之。舟已行矣而剑不行，求剑若此，不亦惑乎！（《吕氏春秋·察今》）

"呵呵！我的春秋！"他知道，他多了一种与天地不老的方式——书会比国更长久些。

吕不韦从容地走出厢房，绕进人群。

几匹马飞驰而来。

吕不韦看着来人，笑而不语。为了勘误，也为了宣传，他命人把《吕氏春秋》写在布匹上，挂上咸阳城门，悬赏千金。如果有人能增删一字，就给予一千金的奖励。

"相邦，无人领千金。"来人说。

2年了，没有一个人能够拿到赏金。

採樵過野逕
父耘釣隔溪聽
讀書

清 佚名 《顧繡漁樵耕讀圖》 故宮博物院藏

"呵呵呵呵……"吕不韦和大家一起笑着。

夜渐深。大家打着呵欠，踉跄着回住处。再热闹的狂欢，总要有一个结束。结束，是为了再来。

夜晚的风大了些，奇寒侵骨，但吕不韦感觉不到冷。他回到厢房，取《吕氏春秋·孟春纪》，压着秦王的书信，然后从卧榻的夹层摸出一个长嘴瓦罐。密封的瓦罐里，盛着早就准备好的鸩。他双手高举，仰头张嘴，让紫绿色的细流注入口中。

"鸩"，一种用有剧毒的鸟羽毛炮制的酒。

既死，秦王没有再放逐吕氏家人。

两心不可以得一人，一心可得百人。

另一种活法

《淮南子》是西汉年间的一部哲学著作，以道家思想为主，夹杂先秦各家学说。寓言"塞翁失马"，就出自《淮南子·人间训》：

近塞上之人有善术者，马无故亡而入胡，人皆吊之。其父曰："此何遽不为福乎！"居数月，其马将胡骏马而归，人皆贺之，其父曰："此何遽不能为祸乎！"家富良马，其子好骑，堕而折其髀，人皆吊之。其父曰："此何遽不为福乎！"居一年，胡人大入塞，丁壮者引弦而战，近塞之人，死者十九，独以跛之故，父子相保。故福之为祸，祸之为福，化不可极，深不可测也。

《淮南子》的作者是淮南王刘安（公元前179—前122年）及其门客，所以也称《刘安子》，还称《淮南鸿烈》，"鸿"即广大，"烈"为明亮，意为此书包括了广大而光明的通理。

刘安的父亲是刘长。刘长的父亲是汉高祖刘邦（公元前256—前195年），哥哥是汉惠帝刘盈、汉文帝刘恒。

刘长与刘盈、刘恒，同一个父亲，各一个母亲。

刘盈（公元前 210—前 188 年），母亲是吕雉——著名的吕后。刘盈是刘邦的第二子、嫡长子。刘邦驾崩，嫡长子刘盈继位，史称汉惠帝。

刘恒（公元前 203—前 157 年），母亲是薄姬。薄姬曾是魏王魏豹的妻子。魏王被韩信打败，薄姬进了刘邦的后宫，生了刘恒。刘恒是刘邦的第四子。刘盈英年早逝，弟弟刘恒继位，史称汉文帝。

刘长（公元前 198—前 174 年），母亲是赵姬。高祖八年（公元前 199 年），刘邦从东垣县经过赵国。赵王张敖是刘邦的女婿，他把嫔妃赵姬献给刘邦。

淮南厉王长者，高祖少子也，其母故赵王张敖美人。高祖八年，从东垣过赵，赵王献之美人。厉王母得幸焉，有身。（《史记·淮南衡山列传》）

赵姬身怀刘长的时候，赵国国相贯高等人谋反，赵王张敖

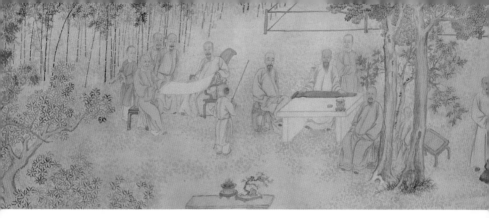

●清 方士庶《九日行庵文宴图》美国克利夫兰艺术博物馆藏

受到牵连，她也因此被囚禁。她请人呈报刘邦，说怀了他的儿子，刘邦没有理会。她又请吕后说情，吕后妒忌她，没有理睬。她生下刘长之后，怀恨自杀。狱吏把刘长抱给刘邦，刘邦非常后悔，厚葬赵姬，让吕后收养刘长，并于公元前196年立刘长为淮南王。

刘长与汉文帝刘恒情同手足。他一向骄横跋扈，刘恒一直原谅他。即使他勾结匈奴图谋叛乱，朝廷判他死罪，刘恒还是特赦他。他在流放四川途中，绝食而亡，谥号"厉王"。

有些人当皇帝，似乎不费吹灰之力；有些人即使赔上身家性命，也只能望洋兴叹。

比如刘盈。他虽不是太子，但是嫡长子。他当皇帝，不需要别的，只要有足够的耐心，只要比高祖活得更长久。

比如刘恒。"（薄姬）遂幸，有身。岁中生文帝，年八岁立为代王。"（班固《汉书·外戚传上》）如果刘盈活到成年，有

自己的儿子;如果吕后死后，忠于刘邦的丞相陈平和太尉周勃，不诛灭吕氏势力，不废汉少帝刘弘，不商迎刘恒，刘恒一辈子只能在山西太原做代王。但是，"如果"并不成立，满朝文武恭迎刘恒回长安。

刘长就没有这个幸运，所以只能谋反。但谋反哪有那么容易，否则三天两头改朝换代。

同样没有这个幸运的，还有刘安。

刘安是刘长的儿子，同时还是汉高祖刘邦的孙子，汉惠帝刘盈、汉文帝刘恒的侄子，汉景帝刘启的哥哥，汉武帝刘彻的叔父……如果印名片，这些"头衔"能把人吓死。唯一遗憾的是，父亲刘长前面不能冠"汉什么帝"。

刘安没有受到父亲刘长的牵连，相反，汉文帝把对刘长的怜恤，加倍给了这个侄子。他先后被封为阜陵侯、淮南王。他也不是等闲之辈。《史记·淮南衡山列传》记载，他喜欢读书

237

弹琴，不喜欢游戏打猎，善于抚慰百姓，"流誉天下"。他招门客数千人。这些人既是他名声和思想的传播者，也带来了各种思潮、观点、传说、轶事，为他著书立说做准备。

《淮南子》动笔于汉景帝后期，完稿于汉武帝前期。刘安与吕不韦不同。吕不韦"不学无术"但富可敌国，靠金钱收买门客写文章，以求青史留名。刘安饱读诗书，学术修养丰厚，既有钱养得起门客，更凭学养吸引饱学之士，有自己的见解与体系。所以，他"与苏飞、李尚、左吴、田由、雷被、毛被、伍被、晋昌等八人，及诸儒大山、小山之徒，共讲论道德，总统仁义，而著此书"（东汉·高诱《淮南鸿烈集·叙目》）。

《淮南子》是一部伟大的哲学著作。用词精准而华彩，富有哲理和生活气息，警句、名句比比皆是。

比如"目见百步之外，不能自见其眦"（《淮南子·说林训》）。眼睛能看得很远，但看不见自己的眼角。

比如"两心不可以得一人，一心可得百人"（《淮南子·缪称训》）。如果三心二意，得不到任何一个人信任；如果一心一意，会得到众人的支持。

比如"夫华骝绿耳，一日而千里，然其使之搏兔不如豺狼，伎能殊也"（《淮南子·主术训》）。这两种骏马一天能跑千里，但让它去捕捉兔子，就不如豺狼，它们所具有的才能不一样。

《淮南子》里还有许多寓言故事，除了"塞翁失马"，还有"一洞之网""恐死忘生"等；还有许多神话故事，比如"女娲补天""后羿射日"等。

当然，刘安的志向不止于写书。他和父亲刘长一样，与皇位之间只隔了一个皇帝，这让他心旌摇动。汉景帝时，吴楚七国举兵反叛，刘安曾想呼应，没能得逞。汉武帝时，刘安和其弟衡山王刘赐、其子刘迁又想篡位，广纳门生变成网罗同党，抚慰百姓变成收买人心，结果阴谋败露。

> 淮南、衡山亲为骨肉，疆土千里，列为诸侯，不务遵蕃臣职以承辅天子，而专挟邪僻之计，谋为畔逆，仍父子再亡国，各不终其身，为天下笑。（《史记·淮南衡山列传》）

刘长企图取代汉文帝，刘安企图取代汉景帝、汉武帝，一家两代叛逆，机关算尽，鸡飞蛋打。刘安的梦想比刘长灿烂，结局也比刘长惨烈：引颈自刎，王后荼、长子刘迁以及参与谋反的，满门抄斩。淮南国从此被废，设立九江郡。

当然，刘安的另一种结局，远比刘长美妙：《淮南子》广为流传。后人就像经常提及汉文帝与汉景帝的"文景之治"、汉武帝的雄才大略和文治武功一样，时而说到《淮南子》的警句、名言以及寓言和神话。刘安在不朽的字里行间，打造了一个巍峨、壮丽的王国，宛若天子。

这倒也印证了"塞翁失马，焉知非福"。

贾谊三年谪，班超万里侯。

怎么也不为『过』

《过秦论》是贾谊政论代表作，分上中下三篇。最有名的是上篇，论秦始皇之过，"仁义不施"；中篇论秦二世胡亥之过，"重以无道"；下篇论秦三世子婴之过，"危弱无辅"。

从而得出结论：秦国必亡！

我上小学五年级的时候，无意中看到《过秦论》。《过秦论》看上去很难，也很长。对于既长又难的古诗文，我都绕着走，除非是课文，绕不过去。但那天竟然随手翻开了，突然跳出一个开头，气势磅礴：

秦孝公据崤函之固，拥雍州之地，君臣固守以窥周室，有席卷天下，包举宇内，囊括四海之意，并吞八荒之心。(《过秦论》)

除了"崤"，其余连猜带蒙都读得通、看得懂。即使"崤"，不知道读音和意思，好像也不要紧。联系下文，"雍州"是地名，"崤函"应该也是，否则对不了"对子"。

尝以十倍之地，百万之众，叩关而攻秦。秦人开关延敌，九国之师，遁巡而不敢进。秦无亡矢遗镞之费，而天下诸侯已困矣。于是从散约败，争割地而赂秦。秦有余力而制其弊，追亡逐北，伏尸百万，流血漂橹。因利乘便，宰割天下，分裂山河。强国请服，弱国入朝。延及孝文王、庄襄王，享国之日浅，国家无事。（《过秦论》）

一字不多，一字不少；有事简约铺陈，无事一掠而过；字字铿锵，朗朗上口。每一句都有深意，但每一句都不难懂。把文章写深刻，已经很不容易，而要把深刻的文章写明白，不知道有多难。

这样的文章，我喜欢。当读到"及至始皇，奋六世之余烈，振长策而御宇内，吞二周而亡诸侯，履至尊而制六合，执敲扑而鞭笞天下，威振四海……胡人不敢南下而牧马，士不敢弯弓而报怨"（《过秦论》）。我热血沸腾，觉得每一个字都像明亮的箭镞，呼啸着从2000多年前飞来。

不端不作，不故弄玄虚，不老成持重，不好为人师，不顾影自怜，不杞人忧天，不怨天尤人，不指桑骂槐，不隐喻晦涩……我几乎把能想到的"好话"，都给了《过秦论》。

高中时学《过秦论》，却有了不同的体会。这个体会不是深了，而是复杂了，而且带着疑惑。贾谊文笔灿烂、才华卓越，自不必说，但感觉激越有余、沉郁不足，"火气"大于文气，而且"过秦"有些"过"了。

贾谊在《过秦论》中，把秦朝的建立，归功于地理位置优越、变法成功、外交策略得当，以及秦孝公、秦惠文王、秦武

● 北宋 李公麟《丽人行图》台北故宫博物院藏

王、秦昭襄王、秦孝文王、秦庄襄王等六世的苦心经营，不无道理。但这段文字，似乎更想表示的是，秦始皇灭六国，属于"水到渠成"。我以为，这削弱了秦始皇"千古一帝"的历史贡献。尤其后文，话锋一转：

> 于是废先王之道，焚百家之言，以愚黔首；隳名城，杀豪杰，收天下之兵，聚之咸阳，销锋镝，铸以为金人十二，以弱天下之民。(《过秦论》)

这是在列数秦始皇的罪状，目的是要把秦朝的灭亡，认定为秦始皇"仁义不施"埋下的祸根。

我很为秦始皇不平。秦与六雄割据，秦六代都无过，怎么秦始皇灭了六国，他及二世、三世全是过？

秦始皇初定天下，危机四伏，即施仁政，不是自寻绝路？胡亥仓皇继位，天下危如累卵，在位仅 3 年，被逼自杀时也才 24 岁。守旧都难，哪能维新？子婴执政仅 46 天，就成了刘邦的俘虏。纵有天才，也难回天。

我为我的发现而自得，但翻遍资料，找不到支持我的文章。相反，《过秦论》自诞生时起，都是褒扬。

司马迁把贾谊与伟大的屈原并列，写《史记·屈原贾生列传》，可见贾谊在他心目中的位置。李白诗云："贾谊三年谪，班超万里侯。"（《田园言怀》）金圣叹在《才子古文》中指出："秦过只是末句'仁义不施'一语便断尽……最是疏奇之笔。"鲁迅先生这样评价："西汉鸿文。"（《汉文学史纲要》）

这是怎么回事呢？

贾谊（公元前 200—前 168 年），洛阳人，西汉时期著名政论家、文学家。18 岁以文章而扬名，20 岁任博士、太中大夫。因能文善论，针砭时弊又不留情面，遭朝廷重臣排挤，前 176 年被贬为长沙王太傅；前 174 年，被召回长安，任梁怀王太傅——做汉文帝最喜欢的小儿子梁怀王的老师。公元前 169 年，梁怀王骑马摔死；贾谊歉疚不已，一年后（公元前 168 年）抑郁而亡，年仅 33 岁。

不厌其烦写上面的文字，我是想说，大致找到了《过秦论》广被赞誉的原因。

其一，贾谊年少成名，又深得皇帝赏识，不善也不愿掩藏观点。年轻气盛，文如其人。

其二，西汉建立于公元前 202 年。贾谊在大汉 400 多年的初期，就洞悉潜在或显现的各种危机，居安思危，以秦朝覆灭为鉴，著说雄文，振聋发聩，高瞻远瞩。

这是贾谊天才般独特的文风，直截了当，一针见血，意气风发，挥洒自如。

贾谊在世时间不长，著作却很多，而且篇篇珠玑。比如他在 23 岁时（公元前 178 年）的奏章《论积贮疏》中说：

夫积贮者，天下之大命也。苟粟多而财有余，何为而不成？以攻则取，以守则固，以战则胜。怀敌附远，何招而不至！

这篇文章，深刻影响着历朝历代。即使在今天，仍然有很强的现实意义。

比如，贾谊任梁怀王太傅时，文王多次向他征求治国方略。他多次上疏，发表见解。他在《陈政事疏》（又名《治安策》）中说：

故疏者必危，亲者必乱，已然之效也。其异姓负强而动者，汉已幸胜之矣，又不易其所以然。同姓袭是迹而动，既有徵矣，其势尽又复然。殃祸之变未知所移，明帝处之尚不能以安，后世将如之何！

毛泽东对《陈政事疏》非常推崇，称是"西汉一代最好的政论"，认为"贾谊才调世无伦"，无人可比。

还回到我的疑问上。

贾谊的《过秦论》,只是政论不是写史,只是评事不是论人。何况,秦朝毕竟倾覆,怎么"过",也不为"过"。至于"火气"太盛,恐怕要等他年老之后,才有改变的可能。但这种可能是不会有的,他在 33 岁前,就把一生的文章都做完了。

国其莫我知兮，独壹郁其谁语？

不问苍生问鬼神

车在富丽堂皇的宣室前面停下。翘头履踩到砖石地面的刹那，贾谊兴奋的心一震。

不在这里行走，已经 3 年。

贾谊少年，拜张苍（公元前 256—前 152 年）为师。张苍是荀子（约公元前 313—前 238 年）的学生，汉朝开国功臣，文帝时做过宰相，而且精于算数，与人合著《九章算经》。

名师指点，年少成名。贾谊 18 岁，河南郡守吴公识才，召至门下。吴公才能超群，又得贾谊辅佐，成就卓著，被汉文帝擢升为廷尉。

大才不敢私用，吴公向汉文帝举荐贾谊。

22 岁的汉文帝（公元前 202—前 157 年），征召 20 岁的贾谊（公元前 200—前 168 年）为博士。

是时贾生年二十余，最为少。每诏令议下，诸老先生不能言，贾生尽为之对，人人各如其意所欲出。诸生于是乃以为能，不及也。孝文帝说之，超迁，一岁中至太中大夫。（《史记·屈原贾生列传》）

贾谊在所聘博士中年纪最轻。汉文帝每次问政，年纪大的无以应对，贾谊对答如流。众人佩服，汉文帝也很高兴，不到一年，破格提拔他为太中大夫。

贾谊走在未央宫条石地面上，端庄而自信，直到汉文帝四年（公元前 176 年），被贬谪长沙，为长沙王太傅。

贾谊被贬，不是因为"错"，而是因为"对"。

公元前 179 年，贾谊上疏《论定制度兴礼乐疏》。"改正朔、易服色、制法度、兴礼乐。"试图用一整套的制度和礼法，将皇权推崇到至高无上的位置，加强中央集权，约束诸侯的行为，削弱诸侯的力量。

公元前 178 年，贾谊上疏《论积贮疏》：

管子曰："仓廪实而知礼节。"民不足而可治者，自古及今，未之尝闻……今背本而趋末，食者甚众，是天下之大残也；淫侈之俗，日日以长，是天下之大贼也。

贾谊提出经济主张，重农抑商，发展农业生产，加强粮食贮备，预防饥荒。他还提出政治主张，遣送列侯离开京城，回到自己封地。

贾谊又作《过秦论》，洋洋洒洒、字字珠玑。他指出秦国灭亡的原因是"仁义不施"，在大汉之初，敲响吸取前朝覆灭教训的黄钟大吕。

朝野震惊！

贾谊之说，远超一个言官的眼界和心胸，表现出具有非凡洞察力的政治家的格局和气派。

而且，还那么年轻。

同样年轻的汉文帝，非常赏识贾谊，要提拔他为公卿。做言官，不过说说而已，但公卿是实职，位高权重。刘姓诸侯和因功被分封的外姓诸侯害怕了——贾谊的主张如果实施，严重侵犯他们的利益。

"参他！"周勃、张相如、冯敬等老臣纷纷上书：

洛阳之人，年少初学，专欲擅权，纷乱诸事。（《史记·屈原贾生列传》）

这个从洛阳来的什么小子，年纪不大、才学不高，但权欲很大，把很多事情都搞得不可收拾。

诸侯们"错"多了，也就是"对"；贾谊"对"早了，也就是"错"。

汉文帝是被老臣们扶上天子之位的，又登基不久，不敢触犯众怒，但不怕得罪忠臣，打发贾谊去长沙。

公元前176年，贾谊的马车在官道上颠簸。走了很远，回望长安，未央宫在阳光下熠熠生辉。

此次一别，何时归？能归否？天知道。

长沙遥远。贾谊一路飘零，身心日下。途经湘江，不禁想起在支流汨罗江自尽的屈原。本来居在庙堂，现却只能远在江湖。他愤而作《吊屈原赋》：

> 已矣！国其莫我知兮，独壹郁其谁语？凤漂漂其高逝兮，固自引而远去。

算啦，没人理解我，我的心思和谁去说？凤凰高飞，是本来就要远去。

但终究不甘心。"历九州而其君兮,何必怀此都也?"(《吊屈原赋》)无论到哪里,都能辅君王、报皇恩,又何必留恋国都?

贾谊身在长沙,想着长安,惦着未央宫,念着汉文帝,上《谏铸钱疏》《陈政事疏》等,不敢懈怠。

公元前 174 年,贾谊到长沙的第三年。四月初夏,潮湿闷热,他神思恍惚、身体虚弱,以为不久于人世。一只鹏鸟飞入房间,站在他旁边。鹏鸟被视为不吉祥之物,贸然闯入,他伤感不已,作《鵩鸟赋》。"祸兮福所倚,福兮祸所伏。"(《鵩鸟赋》)何以解忧?唯有老庄的齐生死、等祸福。

长安可能回不去了,或者,还要等待。

但汉文帝熬不住,立即召贾谊回长安,立即接到未央宫。

虽在深秋,但朗照了一个白天,傍晚还算温和。远风吹来渭河两岸收割后微醺的气息,吹动未央宫每一座殿阁的金铃。天色还大亮,廊檐飞翘,已经挑起一弯新月。

还是长安好啊!

怎么是宣室?贾谊既惊又喜。

清 佚名《十二月月令图三月》台北故宫博物院藏

宣室是未央宫的正堂，皇帝日常起居的地方，不示外人。汉文帝在这里召见贾谊，天大的恩宠，或许还暗示着什么？

贾谊慌忙整好衣冠，疾步拾级而上。

汉文帝在宣室，已经等了好久。

"陛下！"

"免礼！"

汉文帝和贾谊对面而坐，开口问的却是鬼神。贾谊一愣，把准备好的治国之策暂放一边，详细地讲述鬼神之事。"至夜半，文帝前席。"（《史记·屈原贾生列传》）夜深了，文帝越听越入迷，又越听越害怕，在座席上总往贾谊身边移动。

东方欲晓。汉文帝目送单薄的贾谊，感叹说："好久没见贾生，以为学问赶上了他，现在看，还是不如啊！"

最近一段时间，大家都在猜测，汉文帝该如何重用贾谊。

周勃等老臣，年事已高、自身难保；贾谊的很多主张，朝廷已在实施，日见成效。汉文帝重用贾谊，水到渠成，而且应该就在今天。

结果，贾谊只是做了梁怀王太傅，也就是梁怀王的老师。

出乎意料。

但是，仔细想想，贾谊已从长沙回到长安，汉文帝随时可问政，梁怀王刘揖又是汉文帝最喜欢的小儿子，而太子多病……莫非？

天子之心不可测。

6 年后（公元前 169 年），梁怀王去见父皇，乐极生悲，骑马摔死。这事和贾谊没有关系，但在长沙养成的多愁善感，让他终日以泪洗面。一年后，抑郁而亡。年仅 33 岁。

所有的猜测，戛然而止。

70 年后，司马迁把同样怀才不遇的贾谊和屈原归于《屈原贾生列传》。

1 000 年后，同样怀才不遇的李商隐，写《贾生》：

宣室求贤访逐臣，贾生才调更无伦。

可怜夜半虚前席，不问苍生问鬼神。

后人如何评说，对贾谊而言，已经没有意义。所幸的是，他应该看到了中国历史上的第一个盛世——"文景之治"的前奏。

月落乌啼霜满天，江枫渔火对愁眠。

怎一个愁字了得

到苏州，第一要去的，自然是寒山寺。

因为心里的那一首《枫桥夜泊》。

我们的目光，要上溯到 1 200 多年前的天宝十五年（756年）。深秋的夜晚，晴朗萧瑟。一个叫张继的人，坐船在苏州城外逗留。江南凄美的景色，滞住他本来就很茫然的行程。干脆，他让船泊岸边，呆呆地看月亮下沉，听乌鸦惊起。江边一树一树枫叶，江上一点一点渔火，如同他一样，忧愁而惆怅。不知不觉，子夜来临，他的肩上落满了寒霜。寒山寺的钟声就在这个时候响了，把一颗无眠的心，敲打得支离破碎，几近呜咽。

高天的寒与江面的冷，包围着张继。他蜷缩在船头，发出梦呓般的吟哦：

月落乌啼霜满天，

江枫渔火对愁眠。

姑苏城外寒山寺，

夜半钟声到客船。

在此之前，没有几个人知道张继是诗人，寒山寺也没有什么名气。但从这一个夜晚起，一切都改变了。张继和这首七绝，随着钟声而声誉鹊起；寒山寺和钟声，因这首七绝而不绝于耳。这个注定的晚上，亮如白昼，照着无眠的人、无眠的枕头、无眠的山河。

1200多年来，月在落，鸦在啼，霜在下；枫树站着，渔火亮着，钟声响着，船舶留着……这个叫张继的诗人，一直都没离开，就蜷缩在姑苏城外的船头。他的吟哦，像涟漪一般，向深远处扩散，跨越时空，持续影响着后人——有多少人没有吟诵过这首诗？有多少旅人的夜晚，没被撩人的钟声抚摸？不仅如此，这吟哦还传至千帆之外。唐文化对东瀛的影响巨大。不仅《枫桥夜泊》在日本家喻户晓，而且唐诗的影响力也一直排在首位。大和民族对寒山寺魂牵梦绕，但山海相隔，索性在京都西北部青梅市的御岳溪谷仿造一座。

行文至此，我想起在唐朝发生的一件大事：安史之乱。

天宝十四年（755年）——在张继写《枫桥夜泊》的前一年，唐朝节度使安禄山，以"忧国之危"、奉密诏讨伐杨国忠为借口，在河北范阳起兵。由此，揭开安史之乱的序幕。直至宝应二年（763 年），以史思明的儿子史朝义自杀为标志，安史之乱结束。"安史"，指的是安禄山、史思明。他们都是唐朝的大将，重兵在握，但拥兵自重，发动内战，与朝廷分庭抗礼。长达 8 年的战争，使得唐朝人口大量丧失、国力锐减、藩镇割据的局面形成。唐朝由盛而衰。

我再说张继。

张继约生于 715 年，约去世于 779 年。生卒时间"约"，意思是说不清楚准确的时间。这不能怪别人，只能说他在写《枫桥夜泊》之前，确实没有名气；写了《枫桥夜泊》之后，口口相传需要时日，名声还没传开，他就去世了。关于张继，可考的资料不多。但有一点是肯定的，他不是苏州人，是襄州（今湖北襄阳）人。

按理说，张继不应该去苏州。他在苏州没有官职，也没有买卖。如果图有功名，他应该向北，京师长安；如果广交文友，也应该向北，当时的政治、经济、文化中心，都不在江南啊。

但是，张继到江南来了。

因为安史之乱。

张继于天宝十二年（753 年）"礼部侍郎杨浚下及第"，意思是考取了进士。天宝十四年（755 年）一月，安史之乱爆发。天宝十五年（756 年）六月，玄宗仓皇逃亡四川。半个唐朝被拖入乱世的泥沼，但江南政局比较安定，因而大批北民南迁。很多文人南渡避祸，张继就是其中之一。

这么一看，张继的人在旅途、远走他乡，是前途渺茫的漂泊，是有家难回的流浪，是朝不保夕的偷生。难怪他的"愁"那么重啊，像满天的寒霜；难怪他的无眠那么深，像不倒的枫树、不灭的渔火。

不是平常的离愁与乡愁。

安史之乱起于 755 年，张继的《枫桥夜泊》写于 756 年。这是时间的次序，更是七绝《枫桥夜泊》的因果。《枫桥夜泊》的背景，是战火纷飞、刀光剑影、山河破碎。

这时候，我要说到另一个人：杜甫。

杜甫生于 712 年，去世于 770 年——张继约生于 715 年，约去世于 779 年。从时间上看，张继和杜甫年纪相仿。他们还是同乡——杜甫是河南巩县（今河南巩义）人，但祖籍襄阳。所不同的是，杜甫在安史之乱开始的时候，已经蜚声天下。而且他有官职——左拾遗，相当于在现在的国家监察部门工作。即使因为敢于谏言，在759年被贬，也是赴华州（今陕西渭南华山一带）任司功参军。

还有不同的是，杜甫最初没有逃亡江南，而是工作、生活在安史之乱地区，甚至到过灾难最深重的地方，而且做过叛军的俘虏。759年春，他被贬华州，离开洛阳，经新安、石壕、潼关，一路所见，哀鸿遍野、民不聊生。他写下了《新安吏》《石壕吏》《潼关吏》，并写了《新婚别》《无家别》《垂老别》。一个伟大的现实主义诗人，如同新闻记者一样，直面现实、真实记录，由诗而史。

这也是杜甫与张继的不同。

杜甫在华州也待不下去了，流亡蜀地。他在成都搭建的茅屋里，前后生活了6年，写诗240多首，其中有《茅屋为秋风所破歌》。他的茅屋，因而成为圣地。稍有文化的人到成都，首先要去的是"杜甫草堂"，就像到苏州，首选的是寒山寺。

762 年冬季，朝廷在洛阳附近的衡水，大胜叛军。远在成都的杜甫，第二年春天听到这个消息，欣喜若狂，写下七律《闻官军收河南河北》：

剑外忽传收蓟北，初闻涕泪满衣裳。

却看妻子愁何在，漫卷诗书喜欲狂。

白日放歌须纵酒，青春作伴好还乡。

即从巴峡穿巫峡，便下襄阳向洛阳。

也就在这一年，杜甫写了一首七绝《绝句·两个黄鹂鸣翠柳》：

两个黄鹂鸣翠柳，

一行白鹭上青天。

窗含西岭千秋雪，

门泊东吴万里船。

春山為勝事貴玩
名忘歸一掉水月主
人無形彩出惜金
東筆臺出形金惜
芳卉事空嗒雜雲
楊春海翠邨

● 清 戴天瑞 《春山勝事圖》 台北故宮博物院藏

　　两个绝句相比,张继有"乌啼",杜甫有"鹂鸣"。张继有"霜天",杜甫有"青天"。张继有飘零的"客船",杜甫有畅行的"万里船"。

　　张继写于安史之乱开始的后一年,杜甫写于安史之乱结束的一年。难怪一向沉郁、孤愤的老杜心情大好啊,因为安史之乱的丧钟,即将敲响。

幸甚至哉，歌以咏志。

26

但记几行陈迹

● 明 文徵明、谢时臣《赤壁胜游图》美国弗利尔美术馆藏

古战场赤壁的具体位置，根据 20 世纪七八十年代考古发现，才基本确定在湖北省赤壁市（原蒲圻市）。在此之前的八九百年时间，至少有五处说法：汉阳、汉川、武昌、黄州和蒲圻。最有说服力的，当属黄州，距离蒲圻约 200 公里。

黄州（今黄冈）之说，得益于苏东坡。1079 年，他因"乌台诗案"，被贬为黄州团练副使，写了著名的前后《赤壁赋》，还有家喻户晓的《念奴娇·赤壁怀古》：

大江东去，浪淘尽，千古风流人物。故垒西边，人道是，三国周郎赤壁。乱石穿空，惊涛拍岸，卷起千堆雪。江山如画，一时多少豪杰。

苏东坡在现场，又文名天下，而且黄州确实有赤壁，黄州西去 60 里也确实有乌林镇——赤壁之战就是以火烧乌林、大败曹操而告终。因此，他将古战场赤壁，落户黄州。

其实，苏东坡对赤壁在黄州的说法，并不十分肯定。"人道是"，表明"有人说是"。只是世人被在那儿的诗情打动，对赤壁在哪儿没有深究。

建安十三年（208 年）的赤壁之战，不仅是东汉末年"三大战役"（官渡之战、赤壁之战、夷陵之战）中最著名的一场，也是中国历史上以少胜多、以弱胜强的著名战例，它还是中国历史上，第一次在长江流域进行的大规模水战。

这一仗，非同小可。但这一仗在哪里打的，是一笔糊涂账。

赤壁之战前一年的 207 年，曹操也组织过一次大战，北征乌桓。班师回朝，途中作组诗《步出夏门行》，其中一首《观沧海》，"东临碣石，以观沧海"。"碣石"是一处地名，明确在河北省昌黎县境内，从来没有异议。

曹操只是路过碣石，赤壁却是曹操、孙权、刘备大战之地。无论从哪个角度说，赤壁都比碣石重要得多。那一场旷世大火，离苏东坡不过八九百年，发生地就有多种说法，乃至又需要经过八九百年，才能基本敲实。但是，碣石不止一处，而曹操"东临"的，从一开始就被落实在昌黎。

这是为什么？

这与当事人是否书写有关。"碣石"，当事人曹操写了；"赤壁"，当事人之一曹操没写。

没写赤壁，不能全怪曹操。曹操大胜而写碣石，人之常情；曹操大败没写赤壁，情有可原。只是另外两个当事人、胜利者孙权和刘备，竟然没写一字，就奇怪了。

但也不奇怪。搜寻三国英雄豪杰的文字，不难发现，除曹操之外，其他英雄似乎都不喜欢动笔。

孙权，我没有找到只言片语。刘备，同样如此，只找到了诸葛亮的作品。

先帝创业未半而中道崩殂，今天下三分，益州疲弊，此诚危急存亡之秋也。然侍卫之臣不懈于内，忠志之士忘身于外者，盖追先帝之殊遇，欲报之于陛下也。(《出师表》)

夫君子之行，静以修身，俭以养德。非澹泊无以明志，非宁静无以致远。夫学须静也，才须学也，非学无以广才，非志无以成学。(《诫子书》)

曹操，我找——还用找吗?

曹操留下丰厚的著作。作品无不感情真挚、气韵沉雄、格调慷慨，不仅开一代文风，对后世也产生了极为巨大、深远的影响。

曹操存有乐府体诗歌 20 多篇，篇篇传世。其中涉及时事的，如《薤露行》《蒿里行》《苦寒行》等，被誉为"汉末实录，真诗史也"（明·钟惺《古诗归》）。

铠甲生虮虱，万姓以死亡。白骨露于野，千里无鸡鸣。

生民百遗一，念之断人肠。(《蒿里行》)

北上太行山，艰哉何巍巍！羊肠坂诘屈，车轮为之摧。
树木何萧瑟！北风声正悲。(《苦寒行》)

曹操抒发情感、表述理想的诗，妇孺皆知。"日月之行，
若出其中；星汉灿烂，若出其里"(《观沧海》)，"老骥伏枥，
志在千里。烈士暮年，壮心不已"(《龟虽寿》)，"山不厌高，
海不厌深。周公吐哺，天下归心"(《短歌行》)，气势磅礴、神
采飞扬。

曹操还著有《请追增郭嘉封邑表》《与王修书》等散文，诚
挚率真，字字珠玑，史称"建安风骨"。

孤始举孝廉，年少，自以本非岩穴知名之士，恐为海
内人之所见凡愚，欲为一郡守，好作政教，以建立名誉，
使世士明知之；故在济南，始除残去秽，平心选举，违迕
诸常侍。(《述志令》)

很难想象，戎马倥偬、殚精竭虑一生的曹操，竟然留下这么多灿烂的诗文。

不仅如此，次子曹丕，著《典论》，是中国最早的文艺理论批评专著；作《燕歌行》，是中国现存最早的文人七言诗；撰《列异传》，是中国现存最早的一部描写鬼类故事的志怪小说。

文以气为主，气之清浊有体，不可力强而致。譬诸音乐，曲度虽均，节奏同检，至于引气不齐，巧拙有素，虽在父兄，不能以移子弟。（《文选·典论论文》）

明月皎皎照我床，星汉西流夜未央。牵牛织女遥相望，尔独何辜限河梁。（《燕歌行》）

三子曹植，著《洛神赋》《白马篇》《七哀诗》等，"骨气奇高，词采华茂，情兼雅怨，体被文质，粲溢今古，卓尔不群"（南朝·钟嵘《诗品》）。

东吴如同黑暗与死寂的长夜。诸葛亮使得西蜀的荒瘠，有了一簇生动。曹操连同曹丕和曹植，让曹魏熠熠生辉，成为亘古不灭的星月。

再回头看赤壁。

三国大战，多少英雄喋血，但赤壁莫衷一是。苏轼一己诗文，造成一个美丽的误传，被誉为"文赤壁"。真正的赤壁，已找不到一丝昔日的影子，但苏氏赤壁，千年屹立，引无数后人"一樽还酹江月"。

天下豪杰，刀光剑影、你死我活，拼不出一个江山，但文字里江山如画、万古不朽。正如曹丕在《典论》中所说："盖文章经国之大业，不朽之盛事。年寿有时而尽，荣乐止乎其身，二者必至之常期，未若文章之无穷。"

历史长卷，风起云涌。"一篇读罢头飞雪，但记得斑斑点点，几行陈迹。"（毛泽东《贺新郎·读史》）孙权和刘备渐行渐远，曹操却时常在我们耳边吟诵，"幸甚至哉，歌以咏志"。

汉宗室能赋者，几得十之三，何其盛也！

27

字里行间的风景

秦朝末年，天下大乱，最终崩塌。秦朝被推翻，项羽封刘邦为"汉王"。公元前 202 年，刘邦在楚汉之争中获胜，称帝，建立汉朝，定都长安。

汉朝从多年的兵荒马乱中诞生。照理说，一个乱世之后，需要经过若干年的努力，才能国泰民安。这就像一座大厦倾覆，需要多年的清理、规划、重建，才能得以耸立。

汉代似乎不是这样。

汉朝由秦朝而来。

秦朝很强大，不然不会灭六国，结束自春秋战国 500 年来诸侯分裂割据的局面，成为中国历史上第一个多民族共融的中央集权制国家。中央集权制的建立非常了不起，之后中国 2 000 多年政治制度，基本上就是这个格局。

秦朝的强大，还可以从筑长城上看出来。国库不充实，长城修不起；百姓不强壮，长城修不了；疆土不辽阔，长城修了也没用。

按照秦始皇的构想，秦朝将千秋万代，可惜过二世就被灭了。这个伟大的朝代，甚至来不及留下多少颂扬的文字，就在

清 佚名《十二月月令图三月》台北故宫博物院藏

揭竿而起中，像一个巨人一样轰然倒地。倒是尾随而至的、同样伟大的汉朝，为其总结教训的文章连篇累牍，比如贾谊的《过秦论》，当然还有司马迁的《秦始皇本纪》《陈涉世家》。

秦速朽，但大模样、大格局、大气度在，为汉朝406年，奠定了坚实的基础。

406年，这是中国迄今统一时间最长的朝代。

汉代，人口繁多，国土面积广大。汉高祖刘邦至汉景帝刘启，经济实力上升，汉朝成为东方第一大帝国，与罗马帝国东西辉映。汉武帝时期，汉王朝已经成为世界上最强大的王朝之一。这是国力。

汉武帝时期，霍去病跨越千里，深入大漠，大败匈奴，封狼居胥。匈奴帝国不得不挥别长城，掉头西去。中亚和西域各国，闻声而动，惊心动魄。张骞出使西域，开辟"丝绸之路"，打通东西方贸易的通道。汉宣帝时期，驱逐匈奴在西域的势力，迫使其西逃至中东和东欧，从而一统西域诸国，设西域都护府。从此之后的1000多年，直到成吉思汗的铁骑横扫，中国一直是世界贸易体系的中心。这是国势。

…………

汉朝，如旭日喷薄而出，照耀东方，并且光耀世界。

伟大的朝代，一定要有伟大的叙述。秦朝短暂，汉朝有的是时间。于是，"赋"这个文体，成熟了。

赋兼具诗歌和散文性质。无论"铺采摛文，体物写志"（南朝·刘勰《文心雕龙·诠赋》），还是"赋体物而浏亮"（西晋·陆机《文赋》），都指出了赋的特点：描绘客观事物，讲究文采、韵律。

赋源于荀子、发于《楚辞》，到了汉代得以兴旺，不是没有道理的。一方面，汉代政权巩固、国力强大、疆域辽阔。前无古人的丰功伟业，需要有一种合适的文体记载与宣扬。而似乎只有散韵结合、专事铺陈的赋，才能配得上如此盛世。另一方面，汉代的辽阔、宏伟、强大，能为规模巨大、结构恢宏、气势磅礴、语汇华丽，往往是成千上万言的鸿篇巨制，提供、注入足够丰富的内容。

时代需要赋的文体，赋需要时代的内容。水到渠成，相辅相成。

司马相如、枚乘、扬雄、班固等，都是作赋的大家。他们创作的《子虚赋》《上林赋》《七发》《河东赋》《羽林赋》《两都赋》等，名闻天下。

而汉宗室能赋者，几得十之三，何其盛也！（《诗薮》外编卷一《周汉》）

明代胡应麟这段文字的意思是说，汉代宗室十个人当中，就有三个人能赋。这说明汉代作赋是朝廷倡导之事，也是文人分内之举，因而创作蔚然成风，成果卓越。这也从另一个角度非常好地说明，当时文化水平普遍较高，语言交际典雅、高贵。

汉代文明，实在是光彩夺目。

东汉末年，群雄纷起，逐鹿中原。汉朝的尾声到了，但文明依旧熠熠生辉。

看看汉代的战争吧。

两军对垒，先摆阵势。阵势不得体，不仅要被耻笑，也不可能得胜。即使侥幸获胜，也丢人现眼。两军相逢，一方先下战书，一方可以闭门不战。一旦交战，最高统帅从来不藏在暗处，行不更名，坐不改姓，身后一杆大旗，就是名片。双方阵前，排开数员大将，但只一对一出战，群殴绝对为人所不齿。双方大战，背景是呐喊和擂鼓；天色已晚，鸣金收兵，择日再战。如果一方主帅看见自家战将处于下风，也会鸣金收兵，对方即使占尽优势，也决不"追穷寇"。

这是汉代的战争。

文明是强大的，一旦诞生，即使暗无天日，也明亮如炬；即使暴风骤雨，也根深蒂固。

《三国演义》中，关云长坚决不改投曹操。曹操在他落难之际，真心挽留。他不仅不允，居然和曹操讲条件，"身在曹营心在汉"。曹操是何等人物？竟然答应了。曹操本可以除掉关云长，以绝后患，但没有动手，也不肯动手。关云长听到"哥哥"刘备的下落，归心似箭，曹操还是有机会杀死他——曹操本来也有机会杀死刘备，却在那里煮酒论英雄——依然没有。关云长带着"嫂嫂"千里走单骑，过五关斩六将，曹操不仅不恼怒，还送通关公文。

公元 208 年，曹操挥师南下。大战在即，丞相趁着酒兴，舞着兵器槊说"吾当作歌，汝等和之"，然后吟诵"青青子衿，悠悠我心"（《短歌行》），念念不忘关云长。火烧赤壁，曹操大败，落荒而逃。华容道上，关云长立马横刀。他一番言语，关云长放他一条生路——这是通敌之罪，罪可致死！但诸葛亮没有怪罪关云长，而是早就料到他会有如此选择，宁可失去一次决定性的胜利，也要给他一次解开心结的机会。

不仅如此，刘备也没有怪罪诸葛亮和关云长。

大汉文明，成全了一个近乎完美的"关公"。

历史是由不得"假设"的，但"假设"仍然是一个巨大的诱惑，让我们蠢蠢欲动。撇开《三国演义》是小说不谈，我们不妨假设一下，假设关云长生擒了曹操，历史将是怎样一个面目？不敢想象。

但是，关云长怎么可能生擒曹操！

汉代，多么卓尔不群、居高临下！这也是今天有汉民族、汉字等文化概念的根本原因。

江山总被风吹雨打去，英雄人物大浪淘沙，唯有文化永存。文明之光，如一簇簇星火，闪烁在字里行间。

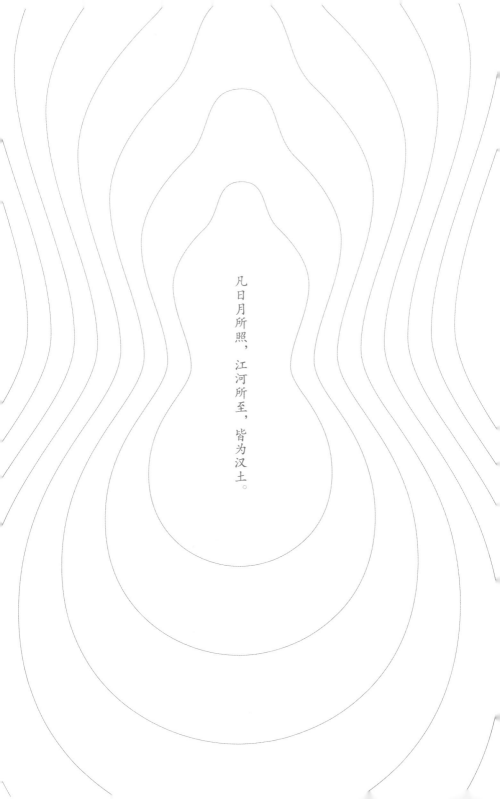

凡日月所照，江河所至，皆为汉土。

时代的最强音

"明犯强汉者，虽远必诛。" 2 000多年前诞生的宣言，至今让人热血沸腾。但它最早出自谁人之口，很多人并不清楚。有人以为是张骞，也有人以为是班超，还有人以为是班固。

认为是张骞、班超并不奇怪。汉代出使西域的使者，最著名的当属西汉的张骞和东汉的班超。

神爵二年（公元前60年），汉宣帝刘询设置"西域都护"。"西域"一词正式出现。所谓"都护"，顾名思义"全部监护"，是当时驻守西域的最高长官。郑吉（？—前49年）为首任西域都护。

关于西域的地理位置，《汉书·西域传上》这样描述：

> 西域……皆在匈奴之西，乌孙之南。南北有大山，中央有河，东西六千余里，南北千余里。东则接汉，阸以玉门、阳关，西则限以葱岭。

简单地说，西域在匈奴西边、乌孙（伊犁河流域）南边和葱岭（帕米尔高原）东边。汉朝与西域之间隔着匈奴。匈奴以为汉朝鞭长莫及，既骚扰汉朝边疆，又侵犯西域，并且阻隔西域各国归顺汉朝。

张骞（公元前164—前114年），于建元三年（公元前138年）出使西域，主要任务是贯彻汉武帝的战略，联络大月氏（游牧在河西走廊西部、张掖至敦煌一带，是匈奴的劲敌），夹击匈奴。但他中途被俘、被困长达10年时间，12年后的元朔三年（公元前126年），才返回长安。他以汉文化广泛地影响西域，首开丝绸之路，但他没有征战的经历，没有机会说"明犯强汉者，虽远必诛"。

毕竟，这不是心血来潮的口号。

班超（32—102年），投笔从戎，于永平十六年（73年）随奉车都尉窦固北击匈奴，后出使西域三十年，永元十四年（102年）八月回到洛阳。

西汉有张骞，东汉有班超，皆一时人杰，不可多得。吾谓超之功尤出骞上，骞第以厚赂结外夷……超但挈吏士三十六人，探身虎穴，焚杀虏使，已见胆力；厥后执兜题，

● 清　华嵒《天山积雪图》故宫博物院藏

定疏勒，指挥任意，制敌如神，而于中夏材力，并不妄费……

（清·蔡东藩《后汉演义》）

蔡东藩（1877—1945 年）认为，张骞和班超都是了不起的人物，但班超的功劳比张骞大，因为张骞只知道用钱物去安抚，班超最终靠武力让西域臣服。蔡东藩的话不无道理，只是张骞和班超身处西汉、东汉，形势不一样，朝廷战略不同，二人出使的任务各异，并不能据此评判高下。

史书记载，班超只带 36 人，深入西域，奋勇杀敌，又抓疏勒王兜题，平定疏勒（今新疆喀什一带），指挥有方，用兵如神。

建初五年（80 年），班超呈《请兵平定西域疏》给汉章帝刘炟，分析西域各国形势及自己的处境，提出了趁机平定西域各国的主张。

班超说，他曾经看到先帝想打通西域，因而往北进击匈奴，向西域派出使者，鄯善国（本名楼兰，今新疆罗布泊西岸）和于阗国（今新疆和田）当即归附大汉。现在拘弥、莎车、疏勒、月氏、乌孙、康居等国又愿意归顺汉朝，共同出力，攻灭龟兹（今新疆库车县），开辟通往汉朝的道路。如果攻下了龟兹，那么西域尚未归服的国家就屈指可数了。

以夷狄攻夷狄，计之善者也。（《后汉书·班梁列传》）

班超在上书中提出"以夷制夷"之策，打动了汉章帝。汉章帝派兵遣将，驰援班超。班超从此攻城拔寨，所向披靡，威震远域，恢复了汉朝与西域断绝了 65 年的关系。

永元七年（95 年），朝廷为了表彰班超的不朽功勋，下诏封他为定远侯——史称"万里封侯"。

永元十二年（100 年），年老多病的班超思乡心切，上书朝廷，请求回国——哪怕回到玉门关内。汉和帝刘肇大受感动，召班超回朝。永元十四年（102 年）八月，班超回到洛阳，被任命为射声校尉。同年九月，班超病逝，享年 71 岁。

班超万里征战，戎马一生，精忠报国，可歌可泣。他说过"不入虎穴，不得虎子"（南朝·范晔《后汉书·班超传》），但没说过"明犯强汉者，虽远必诛"。

班超不用说，因为已经有人豪言在先。"明犯强汉者，虽远必诛"，融入每一位汉人的血液，成为伟大的精神指引。

那是班固说的吗？班固是班超的兄长，班超出使西域，他专修《汉书》。《汉书·傅常郑甘陈段传》中，有这样一段文字：

明犯强汉者，虽远必诛。

"明犯强汉者，虽远必诛"，首次出现在《汉书》中，而《汉书》的作者是班固。出处似乎有了定论。但细读文章，不难发现，这段话是班固引用，作者是西汉名将陈汤。

陈汤（？—约前6年），山阳瑕丘（今山东兖州）人。建昭三年（公元前36年），他任西域都护府副校尉，和西域都护府校尉甘延寿出使西域。他"为人沉勇有大虑，多策谋，喜奇功"（《汉书·傅常郑甘陈段传》）。他最重要的一仗，就是趁甘延寿生病，抓住战机，假托圣旨，大获全胜。随后，他写奏折《上疏斩送郅支首》，连同郅支单于的首级，呈送给远在长安的汉元帝刘奭：

> 郅支单于惨毒行于民，大恶通于天。臣延寿、臣汤将
> 义兵，行天诛……陷陈克敌，斩郅支首及名王以下。宜悬
> 头槁街蛮夷邸间，以示万里，明犯强汉者，虽远必诛。(《汉
> 书·傅常郑甘陈段传》)

陈汤在上书中说，郅支单于罪恶滔天，我们把他和他的部下消灭了。应该把郅支单于的头，悬挂在长安槁街属国节度使聚居的地方，以警示天下。让敢于侵犯强大汉帝国的人明白，即使距离再远，也必遭诛杀。

"明犯强汉者，虽远必诛"，铁血铿锵。这既是身经百战的将军在向朝廷报告功绩，更是大汉王朝对觊觎之徒的雷霆震慑。

陈汤出使西域，功勋不在卫青、霍去病之下，被封关内侯、追谥"破胡壮侯"。但他假传圣旨，虽然汉元帝原谅了他，却从当时起就多被争议，甚至因此仕途沉浮。这或许是他未能名声显赫和远扬的原因。

遥想当年，伟大的时代开疆拓土，既横刀立马，也豪情满怀。傅介子说："汉兵方至，毋敢动，动，灭国矣！"（《汉书·傅常郑甘陈段传》）霍去病说："匈奴未灭，无以家为也。"（《史记·卫将军骠骑列传》）正是上下同心，汉王朝才会站在世界之巅，汉宣帝也才能竖"定胡碑"：

凡日月所照，江河所至，皆为汉土。

声震寰宇，不绝至今。

北宋人张预，从《史记》等十七史中，选一百位名将编写传记，成《十七史百将传》。其中西汉有陈汤，东汉有班超。

天似穹庐，笼盖四野。

唇边的朝代

如果要说起朝代，我首先想到的应该是秦汉，或者唐宋，也可能是明清。这些朝代很大，人与事很多，话题也多。

或许有人问，为什么不会想到说"三国"？"三国"值得说的也多，但它更像是存在于东汉末年的三个政治军事集团。

大概率不会首先想到说南北朝。

南北朝（420—589年）是南朝和北朝的统称。南朝、北朝与西汉、东汉不同。先有西汉，再有东汉，先后关系；南朝、北朝同时存在，并列关系。南北朝开始于420年刘裕建立南朝宋，结束于589年隋灭南朝陈。南朝由汉族建立，有宋、齐、梁、陈四朝。北朝由鲜卑族建立，有北魏、东魏、西魏、北齐和北周五朝。

本来山河一统，不料南北分裂。南北都有征服对方的心思，只是都没有了征战的实力，而且双方各自混乱不堪、焦头烂额，也无暇向对方用兵。南朝的宋，统治时间最长，也不过四朝、八帝、历60年；南朝的齐，只维持了24年，却经历三代七帝，平均3年一帝，朝代更换像风翻书。北朝呢？一个"魏"，就在刀光剑影、弑君篡位中，从北魏裂变成东魏、西魏。这种情

况下，南北只得对峙，分而治之。这就像"三国"，彼此都心有余而力不足，不得不"鼎立"。

南北割据，天下大乱。这对江山社稷、黎民百姓来说是灾难，却也给史家以材料、众口以谈资。仔细想想，南北朝值得一说的，并不在少。但是，我不仅不会首先想到说南北朝，连带着说南北朝之前的晋、之后的隋，估计也不大可能。

究其原因，实在是因为夹着这一时期的汉、唐，高如巨峰、亮如朗日，卓然恢弘、气象万千。

但如果一定要说南朝呢？

我脱口而出的，应该是"南朝四百八十寺"。原因很简单，"南朝"——"四百八十寺"，还有比这更妥帖的连带吗？由这一句，又很自然地联想上下句，说起一首诗：

千里莺啼绿映红，

水村山郭酒旗风。

南朝四百八十寺，

多少楼台烟雨中。

314

这是杜牧（803—852年）的诗《江南春》。一笔"千里"，看似平常、随意，却把江南轻揽。莺歌燕舞、绿叶红花、村舍临水、城廓依山，和风浩荡、酒旗招展。忽而细雨如烟，南朝遗留的许多座寺庙若隐若现。

有空间，有时间；有声音，有色彩；有静，有动；有晴朗，有烟雨；有掩不住的酒香，有挡不住的钟鼓；有现实描摹，有历史追溯；有满眼轻快、欢喜，有满腹苍凉、惆怅。

《江南春》，经典永流传。

问题来了。这首诗既不是南朝人写的，写的也不是南朝。这首诗是唐朝人写唐朝，只不过在唐朝的土地上，看到存有南朝遗迹。

可是，如果要说南朝，除了这首诗，我一时半会儿真想不起其他什么。

那么，如果一定要说北朝，我会说什么呢？

我脱口而出的，应该是《敕勒歌》。原因也很简单，我从小这样背诵：北朝民歌《敕勒歌》。这样的诵读，不计其数。因此，《敕勒歌》与北朝民歌结合一体，彼此不分。说北朝民歌，自然会想起《敕勒歌》；说《敕勒歌》，无疑会说到北朝民歌。北朝就这样被深刻在脑海里。

敕勒川，

阴山下。

天似穹庐，

笼盖四野。

天苍苍，野茫茫，

风吹草低见牛羊。

《敕勒歌》选自《乐府诗集》。《乐府诗集》的编者是宋朝的郭茂倩（1041—1099 年）。他精于考据，学识渊博。《乐府诗集》收集了"乐府双璧"——《孔雀东南飞》和《木兰诗》，并在第86 卷《杂歌谣辞》中，收录了北朝民歌《敕勒歌》。

我最初读《敕勒歌》，最大的感受就是壮丽和辽阔。

"敕勒"是古代少数民族部落，"川"是流经敕勒部落的一条河，似乎未见其大，但如果背景是阴山——这个中国传统文化符号，横亘于内蒙古中部与河北北部，绵延1000多公里，立刻天高地阔。先把天空描绘成"穹庐"，想象雄伟；再让"穹庐，笼盖四野"，气魄宏大。

这是一幅生动的画面，有山河和天地，有生活的烟火和生命的勃发，有云卷云舒和水草丰茂，有牛羊的隐现和欢叫。

人在画外。

史书中最早提到《敕勒歌》的，是李延寿。

李延寿是唐代著名的史学家，生卒年代不详，能肯定的是生活在唐朝初年。他参加过《隋书》《五代史志》《晋书》及当朝国史的修撰，并且独立撰成《南史》《北史》——这些业绩足以让他不朽，生卒年代似乎不重要了。

李延寿在《北史》卷六《齐本纪》记载，公元546年，北朝的东魏权臣高欢（496—547年），率兵10万，从晋阳进攻西魏的军事重镇玉壁（今山西稷山县西南），损兵7万，大败而归。返回晋阳的路上，谣传他身中乱箭，奄奄一息。他为稳住军心，带病宴请大臣。席间，命部将斛律金（488—567年）用鲜卑语（北齐使用的语言）唱民歌《敕勒歌》："敕勒川，阴山下……"

将士思乡，而家乡就在返程之路的尽头，于是军心大振，将士归乡。

啊——《敕勒川》，这首流传于黄河以北的民歌，还曾经是一首悲壮之歌。知道这样的背景，吟诵的时候就多了苍莽和雄浑。

我不知道鲜卑语如何发音，诵读的是翻译成的汉字。家喻户晓的经典，成于鲜卑语，传于汉语。语言各异，但情感相融、心灵相通。

如果要说北朝，除了这首民歌，我同样一时半会儿想不起其他什么。

有意思的是，如果我要说秦汉，或者说唐宋，或者说明清呢？可说的太多了，我要选择，反而一时语塞。但说起南北朝，我反而别无选择，脱口而出。

难道不是这样吗？

南朝——"南朝四百八十寺"；北朝——北朝民歌《敕勒川》。

还有什么比这更天衣无缝的关联？由此我想到，一个时代，总得有一个时代的印记。不管印记多少，哪怕只有一个，甚至不管记载的人、搜集的人是不是属于这个时代。只要说起这个印记，这个时代就会召之即来。

这个时代就不会真正逝去。

这个时代可能就在唇边，如同一首诗，或者一支歌。

何况，稍作思量，关于南北朝，真的并不只有一首诗、一首歌。

遥知不是雪，为有暗香来。

江南的馈赠

竹林深处的小河边，有一丛梅花，密密匝匝。深冬雪后，说不定的某一天，那丛梅花就含苞、开放。剪几根枝条，插在有水的瓶子里，家里有一缕缕特别的香气。

后来我写作文，说我喜欢梅花：

细长的枝条上，有一点一点的梅朵，像落了一排蜜蜂。是的，像蜜蜂，蜜蜂一样的大小，蜜蜂一样的颜色……

语文老师说写得好。但他说，这是腊梅花，不是梅花。我第一次听说腊梅花不是梅花。谁是梅花？老师回宿舍拿来挂历，掀到 12 月，有一幅中国画。黝黑、遒劲的树干，像一块沉睡已久的铁疙瘩，开着几朵蝴蝶大小的红梅。这幅画有一个名字：《红梅赞》。

"梅花有树干，所以是一棵。"老师说，"腊梅花是灌木，所以是一丛。"然后，他在黑板上写了一句诗：

疏影横斜水清浅，暗香浮动月黄昏。

老师告诉我，这是梅花，宋代诗人林逋（世称"林和靖"）《山园小梅》中的名句。

我留心梅花，找不到，但找到一首词——毛泽东的《卜算子·咏梅》：

风雨送春归，飞雪迎春到。已是悬崖百丈冰，犹有花枝俏。

俏也不争春，只把春来报。待到山花烂漫时，她在丛中笑。

读着，自觉心胸开阔、豪情万丈。

因为这首词前有引言"读陆游咏梅词，反其意而用之"，于是我找来陆游的《卜算子·咏梅》："驿外断桥边，寂寞开无主。已是黄昏独自愁，更着风和雨。无意苦争春，一任群芳妒。零落成泥碾作尘，只有香如故。"

边读边感觉到，一个嶙峋老人，站在无人处，身上冷、心底寒。

赵松雪题古木竹石圖云石如飛白木如籀寫竹還於八法通岩此有人能會此方知畫高本來同可知書畫原是一體生活以子處著倘些興到恰得佳楮寫此小景筆法戲與渲波少少相合盦吳湖帆

326

如果说毛泽东的《咏梅》壮美，陆游的《咏梅》则是凄美。同是赏梅，为什么咏的区别如此之大？

老师说："时代、环境、遭遇、格局都不同，写下来的也不一样。"

"'一切景语皆情语。'"老师又说。

我盼寒风凛冽、大雪纷飞，可以踏雪寻梅。每年，冬天都如期而至，梅却极少见。这也难怪。梅应开在断桥边、驿路上、寂寞里，而城市车来车往、熙熙攘攘。

那么梅呢？

梅在诗词里。

> 摽有梅，其实七分。求我庶士，迨其吉兮。
>
> 摽有梅，其实三分。求我庶士，迨其今兮。
>
> 摽有梅，顷筐塈之。求我庶士，迨其谓之。（《召南·摽有梅》）

这大概是最早出现"梅"的诗歌。树上的梅子啊，还有七成，只剩三成就要收进筐子了。想要娶我的小伙子啊，请抓紧时间。

《诗经》中的梅，除了"子"，还有"树"："终南何有？有条有梅。"（《秦风·终南》）终南山上有什么？有山楸也有梅树。"山有嘉卉，侯栗侯梅。"（《小雅·四月》）高山之上生着名贵花卉，有栗树也有梅树。

但没有"花"。

我查资料知道，梅是我国特有的树种。先秦之前，梅并不用来观赏。考古发现证明了这一点。1975 年，考古人员在距今 3 200 多年的安阳殷墟商代铜鼎中，找到了梅核。

《诗经》没说梅花，就不奇怪了。

种植、培育观赏梅，从汉代开始。"被以樱梅，树以木兰。"（西汉·扬雄《蜀都赋》）老师那幅画上的梅花，是唐代培育出来的"朱砂梅"，俗称"红梅"。"蜀州郡阁有红梅数株。"（宋·尤袤《全唐诗话》）这是关于"红梅"的最早记载。宋代，诗人范成大写出了世界第一部《范村梅谱》。

有了观赏梅，写梅，成了文人必修的功课。

李白写过"寒雪梅中尽，春风柳上归"（《宫中行乐词》其七）；杜甫写过"梅蕊腊前破，梅花年后多"（《江梅》）；苏轼写过"携手江村，梅雪飘裙。情何限、处处消魂"（《行香子·携手江村》）；李清照写过"一枝折得，人间天上，没个人堪寄"（《孤雁儿》）；卢梅坡写过"梅须逊雪三分白，雪却输梅一段香"（《雪梅》）；王冕写过"不要人夸好颜色，只留清气满乾坤"（《墨梅》）……《全宋词》收词2万多首，涉及梅的就有6000多首。

梅开在最冷的季节，让一片肃杀中有了点点生机。那是伟大的指向，紧跟着的，将是无限的勃发、怒放与茂盛。因此，梅历来被大家喜爱，入诗、入词、入文、入画、入书、入曲、入谱、入戏……主题很多，孤傲、高洁、独立、友情、相思，并由此提炼出一个民族的风骨与精神。

万花敢向雪中出，一树独先天下春。（元末明初·杨维帧《道梅之气节》）

大学毕业，我到南京工作。金陵的梅很有名气，东郊一座山，就以"梅花"命名。每年春寒料峭，就有人传来梅讯:开了。

去东郊的人，陆陆续续多了起来。

我不去梅花山。梅花山在郊外，过去交通不便，也算是在僻静处。但满山是花，热闹得狠，不是梅所希望的。梅态离不开横、斜、疏、瘦；梅韵贵稀不贵密、贵老不贵嫩、贵瘦不贵肥、贵含不贵开。梅花交头接耳、盛开如海，哪里能横、斜、疏、瘦，怎么能稀、老、瘦、含？

那年，南京大雪。我天明即起，踏雪山行，登顶已是下午。坐在一处断垣上喘气，隐约闻到一丝清香。嗅着寻过去，断垣背后，横斜一株红梅。我欣喜若狂，想抒发什么，脱口而出：

墙角数枝梅，凌寒独自开。遥知不是雪，为有暗香来。
（北宋·王安石《梅花》）

我没能说出自己的声音，有些遗憾和扫兴，但又释然和欣然。先辈的观想，瞬间和我呼应。思接千载，彼此通融。经典的魅力就在这里，经典永流传的理由也就在这里。

南宋绍熙二年（1191 年）隆冬，词人姜夔，冒着飞雪去苏

州，探访诗人范成大。范成大请他作新曲，他写了两首。范成
大非常喜欢，一首命名《暗香》，另一首命名《疏影》。

有一天，我偶读《暗香》与《疏影》，怦然心动，不禁想起
黑板上的"疏影横斜水清浅，暗香浮动月黄昏"。

"疏影"与"暗香"，自林和靖之后，就是梅花的代名词。
范成大和姜夔，将其夯实了。

无意之间，在宋元时期张炎的《词源》中，看到这样评价：

诗之赋梅，惟和靖一联而已，世非无诗，不能与之齐
驱耳。词之赋梅，惟姜白石暗香疏影二曲，前无古人，后
无来者，自立新意，真为绝唱。

看似偶然和无意，其实是注定与机缘。

我写这篇文章的时候，正值冬末春初。抬望眼，夜色在退，
曙色渐明。窗外篱边，斜过一株早梅。我不由得想起南北朝诗
人陆凯的诗句："聊赠一枝春。"

这或许是江南对我的馈赠。

《弦歌》

祁智阅读的私人笔记

穿越时空的经典之旅

从《诗经》出发

跨过《山海经》

寻找《搜神记》

遥拜先民

孟姜女哭长城

精卫填海

宋定伯卖鬼

神话传说故事灿若星辰

屈原、贾谊、曹操、竹林七贤、吕不韦

古圣先贤的文明之光

文人墨客的际遇与风骨

从古至今，命运息息相关

共同面对永恒的主题

别离、忧愁、战争、兴衰、生死、枯荣

哪怕一轮明月

一江春水

阡陌纵横

岁月如歌

9 78

定价

ISBN 978-7-214-27497-7